U0032169

不焦慮的心理課

英國約克大學心理學博士
黃揚名
科普作家
張琳琳
合著

心理學博士教你活用科學方法，
消解生活中的不安與混亂，不再窮忙！

推薦專文

點心嗎？不！可以當正餐

諮商心理學博士、輔仁大學兼任教授　黃素菲

在電影《一代宗師》中有一幕宮若梅對著葉問說：「人世間所有的相遇，都是久別重逢。」我則認為「人世間所有的相遇，都是再次照見心地」。我提出的觀點，更能夠回應本書三個篇章內容所要傳達的理念。

首先是，在〈每個來煩你的情緒，都意味著一次自我提升〉中，作者引用巴瑞特教授提出的「情緒顆粒度」概念，來說明一個人區分並識別自己具體感受的能力。通常情緒詞彙越豐富則情緒顆粒度越高，這個人的情緒體驗會越細緻入微，情緒表達會越清晰合宜，那麼這個人的情緒智商也會越好。這種人更能「咀嚼」每一次人際交流的經驗，細化情緒顆粒度，照見自己當下複雜的情緒皺摺。

其次，在〈為什麼你總是不能放過自己〉中，作者鼓勵大家把自己想像成一個編劇，為困擾自己的事情重新換個主角，讓自己處在局外，去重新看待困擾你的這件

事。作者提到的無條件接納自己的兩味藥：「與自我批判爭辯」、「恢復自我價值，發現自己身上的亮點」，都是要讀者回到自己身上自我反思，以不同觀點再次看見自己。

第三，在〈學會跟自己好好相處〉中，作者將獨處區分為「非自願獨處」和「建設性獨處」，後者會有更多的積極體驗，包括加深自我了解、提升自我恢復和創造力等。常見很多人際衝突中覺得不被了解與不被接納，究其根本，其實是自己不接納自己，不了解自己使然。如果有一個強烈孤單、寂寞的感受，很可能是要回頭好好跟自己相處了。

除了上述的照見自己心地，我個人特別喜愛也同意〈所謂捷徑，是在自己擅長的領域做到極致〉、〈撕下標籤，你的人生你說了算〉、〈面向未來，創造工作而非尋找工作〉這三篇的主張，都在強調發揮極致性、獨特性、主導性、自主性，發揮職人精神成為該領域不可取代的專家，離開社會的主流建構為自己人生負起籌劃責任，去開創工作達到滿意的生涯等等。也讓我想到後現代的幾個詞：正向拖延（positive delay）可能是為了爭取更多思考的時間；正向沉睡（positive sleep）可能表達了這個人對某些現狀的抗議並護衛內在信念；正向耽溺（positive addition）可能是沉浸其中以繞彎來凸顯存在議題。它們都服膺了後現代的基本立場。

作者宅心仁厚，他不只是從自己的專業出發，更從讀者的角度去思考，例如：〈如何才能成為情緒穩定的成年人？〉提供具體的方法步驟；〈如何在複雜體系中做出最佳選擇？〉作者提出決策三步走：減少選項、分析選項並做出選擇、預期管理，協助我們在面臨生活中無所不在的選項時，有效做出抉擇，並提供方塊文章或研究延伸相關概念；〈不想工作，如何拯救職業疲勞？〉提供社會心理學家研究所發現的三種嚴重職業倦怠，並經由案例提供解套之道；〈如何保持工作與生活的平衡？〉作者先拆解工作與生活並非對立存在，說明語言的使用會影響我們的思考方式，建議把「平衡」一詞換成「和諧」，接著提出「平衡是一種動態調整，絕對的平衡狀態並不存在」來消除完美主義的假象。凡此處處都可以看到作者從普羅大眾的位置來選題落筆，企圖更加貼近生活，讓心理學的研究結果，適時服務在生活中受苦的人。

《不焦慮的心理課》，書名就已經很吸引人，作者行文流暢、主題清晰，又一一提供解套的方法，這絕對是一本親切的大眾心理學科普著作，有人可能以為是點心。然而，作者在文中引用中外期刊中相關的心理研究結果，來佐證各個主題的內涵，既具有說服性、實徵性，也延展了讀者的視野。話說「外行看熱鬧，內行看門道」，對於專業人士絕對可以繼續延伸相關閱讀，不！這可是正餐！

推薦專文

善用心理學來為生命添加美好滋味

佛光大學心理系副教授、臨床心理師　游勝翔

身為黃博士的好朋友跟老同學，我們研究心理學的同行都對於理解人類的情緒充滿興趣與熱情，特別是如何透過心理學的知識與方法，來調控或改變自己與他人的情緒。

若翻開心理學的課本，我們可以發現情緒的主題貫穿在認知心理、社會心理、發展心理、臨床心理等等……不同次領域中。情緒相關的書籍、節目、講座、工作坊、專家達人等等……同樣也在我們生活周遭隨處可見。要說情緒是人們最熟悉也最陌生的主題，應該一點也不為過。但是，情緒相關主題的受到歡迎，某個層面上卻相對呈現出人們對於情緒本質與運作機制的陌生，甚至可能因認識不足而產生對情緒經驗的害怕或排拒。

從心理學的角度來看，情緒是身心健康與幸福生活的重要基礎。或許我們能做個

比喻，大家應該都能同意鹽、糖、辣椒等等調味料，是美味料理的必備要素。少了，食物滋味平淡，缺乏吸引力。但是，多了，不但會壓過食材本身的天然風味，同時又對身體健康有害。若能將調味料運用得恰到好處，就能如大廚巧手一般，端出一道道兼顧美味與健康的料理。「焦慮」何嘗不也是如此，多了，讓人痛苦，少了，卻也讓人失去人生的方向與動力。

由於我的工作除了在大學講堂，也在心理治療室內，因此有機會深刻觀察到飽受情緒困擾之苦個案的情緒生活，並且實際使用心理學的方式幫助個案重返健康。

有一位讓我印象深刻的臨床案例是個被診斷為焦慮症的中年婦女，難以掌控的擔憂出現在她生活中大大小小的事情上。白天她開始擔憂晚上會睡不著，睡不好的話精神就差，身體就疲倦，隔天工作就難以應付。醫師建議她吃安眠藥，她又擔憂安眠藥會讓自己從此依賴藥物，無法擺脫。所以，每天晚上就寢前都要花上兩個小時與家人「商量」要不要吃安眠藥。我們可以預期這樣的狀況對她跟她的家人來說，都是嚴重的耗損。

一開始做心理治療時，她拿了滿江紅的健康檢查報告給我看，悲傷地說：「我快活不下去了！我不知道可以怎麼辦？」所幸經過半年的心理治療後，她學會如何辨認與監控自己的負面情緒，也開始能夠有效地放鬆自己。除了個人的失眠與高血壓問題獲得顯著改善，工作與人際關係也逐漸重回正軌。結案之際，這位個案送了一句話給我：「啊哈！想不到，心理學這麼好用啊！」

確實，心理學很好用。多年來心理學為了「問世間，情（緒）為何物」所累積的豐厚研究成果，提供了理解自己與他人情緒的座標，協助我們能安然穿越生命中的種種情緒迷霧，安身立命。

看黃揚名博士靈活使用各種心理學知識來回應人生中與焦慮有關的各種議題，真是一種享受。相信讀者在閱讀這本書的過程中，一定也能跟我一樣感受到作者的熱情與溫暖，同時獲得符合自己所需，能為你所用的重要資訊，一樣能在這個過程中得到「啊哈～心理學還真好用呢～」的體會。

推薦專文

生活中的必修課，不焦慮的開課了！

諮商心理師公會全國聯合會理事　葉北辰

收到出版社邀請寫推薦序時，真是又開心又惋惜，開心的是我可以先睹為快，惋惜的是怎麼現在才有這本書，如果它更早一些問世，我就可以推薦給更多當事人做為幫助自己改變的重要工具。

坊間心理科普書很多，身為心理師，我很愛閱讀這類書籍，有時想要推薦給身邊朋友或是心理諮商的個案，他們總是嫌內容過於艱澀，如果沒有心理學的基礎知識，看起來會有點摸不著頭緒。

另一方面，心理勵志類書籍也出了很多，不管是心靈雞湯還是行動計畫，有些心理勵志書太偏向個人成功經驗，個別差異很大，不一定適合推薦給我的當事人；而有一些書則是含糊地（甚至有點誤解地）應用心理學理論或研究，雖然出發點是善意的，但總讓我覺得沒那麼到位。

黃揚名老師是一位很認真也入世的心理學家，除了教學和做研究之外，他願意上節目、拍影片、錄podcast、寫文章、寫書，就是為了推廣心理學知識。心理學是一門研究人的科學，只要你是一個活生生的人，你在生活中會與其他人接觸，心理學就是你必須具備的知識。這一本《不焦慮的心理課》更是你在生活中的必修課。

簡單來說，當人們想到未來的負向事件時，就會感到焦慮。作者一開始先跟大家簡介焦慮是什麼？利用經典的心理學理論及研究，來讓大家認識自己的情緒焦慮，並透過生活化的例子說明可以用哪些具體步驟幫助自己。

接下來講到很多人都可能會發生的「選擇障礙」，可能是無法做選擇、常覺得自己做了錯誤的決定，或是決定了卻沒有執行力……等，這其實都可以說是選擇焦慮引發的困境，該怎麼處理？作者在書中提出許多以心理學為基礎的具體建議。

第三部分談成長焦慮，這是現在社會普遍的氛圍，有很多來尋求心理諮商的當事人，在談到自己的心理困擾時，常會提到「我應該……」、「我必須……」，而這背後其實是關於「我是誰？我要過什麼樣生活？」的發問。現代人都背負著自我成長的壓力，但我們到底該長成什麼樣子？且看看作者的論述。

第四部分談到職業焦慮，雖然主要談的是職涯管理，包括如何設計和創造理想工作、職業倦怠怎麼辦、工作和生活的平衡等等。但我想要提醒讀者，廣義來說，任何你在做的事情都可以算是「工作」（例如家庭主婦、學生、退休人士，都有正在做或想做的事情，不一定有報酬，但都算是工作）。

最後一部分則是談關係焦慮，這更是在諮商室裡一定會被提到的主題，當事人的困擾總是會跟某個人有關，無論是伴侶關係、親子關係、朋友關係，甚至是孤獨的感覺（期待身邊有某個人，但是卻落空），如何面對跟「人際關係」有關的焦慮感，實在很值得深入閱讀。

說了這麼多，還是要讀者親身閱讀，並跟著每個章節實際練習，才算是修完了這門「不焦慮的心理課」噢！

作者序

盡其在我，從緊繃到佛系的人生體悟

黃揚名

每個人在人生的不同階段，或多或少都有一些不順遂。在念書的時候，可能會因為考試分數不理想而感到懊惱；在進入職場後，則可能是因為升遷不順，或是工作上不能發揮自己的長才。可是，為什麼我們會覺得有些人看起來特別倒楣，有些人則是特別的幸運呢？

關鍵就在於，到底這個人用什麼樣的態度，來面對生活中的平順也好，出槌也好。如果很重視自己得到什麼，哪些權益受到損害，那麼你可能會覺得自己怎麼那麼倒楣，常常錯過了好機會。相對的，如果你是習慣性地做好自己的本分，對於任何分外的獲得，都不強求，反而會覺得生活中驚喜不斷，感覺自己特別的幸運。

大家不要看我現在很佛系，對於很多事情都相當隨緣，不強求。其實我曾經是一個很緊繃的人。記得小學一年級時，只要晚上八點還沒有就寢，我就會感到很緊張，怕自己隔天上學會遲到。我也曾因為在新聞中知道鴿子會傳染一些疾病，只要看到鴿子就躲得遠遠的。由於對太多事情都斤斤計較，而且有很強的得失心，所以日子過得很焦慮。

但是在經歷了一些人生的小插曲之後（大家在書中陸續會看到這些事件），我漸漸體悟到，我們能做的，就是盡力做好自己能夠使上力的部分，這樣就是一種圓滿了。至於，到底努力會不會換來成功，那就是看緣分了。很多時候，得到了，不一定就是好；沒有得到，不一定就是不好。

過度在意得到與失去，只會增加自己的焦慮，根本對自己沒有好處。但是，要完全看淡得失，也真的不是一件容易的事，畢竟社會上有太多的規則、潛規則，都跟得失有關係，你也可以說，我們都被這些看重得失的制度所制約了。

我大概花了三十多年的時間，才體悟到這樣的道理，以平均餘命超過八十歲的現在，我覺得還不算是太晚。但我總會想，如果有人可以在我更年輕的時候，就用我能夠接受的方式告訴我這些，或許我的人生又會有不少的轉變。

所以，這次我結合自己的生活經驗，以及眾多心理學領域的發現，寫了這一本書，希望能夠讓在人生不同階段的你，都因此受惠，可以提早過一個不焦慮的人生。

推薦專文　點心嗎？不！可以當正餐　黃素菲　2
善用心理學來為生命添加美好滋味　游勝翔　5
生活中的必修課，不焦慮的開課了！　葉北辰　8
作者序　盡其在我，從緊繃到佛系的人生體悟　黃揚名　11

PART 1 情緒焦慮

一個快樂的人，比較少會進入焦慮的狀態；一個難過的人，相對之下則會更容易焦慮。為什麼情緒會對於焦慮造成影響呢？讓我們一起來探索這背後的緣由吧！

Lesson 1 焦慮這種時代病，該如何對抗？　18
Lesson 2 我不夠好，這是真的嗎？　28
Lesson 3 為什麼你總是不能放過自己　37
Lesson 4 情緒是什麼？你知道的可能都是錯的！　46
Lesson 5 每個來煩你的情緒，都意味著一次自我提升　55
Lesson 6 如何才能成為情緒穩定的成年人？　64

PART 2 選擇焦慮

我們總是擔心自己做了不好的選擇，如果可以理性一點，多考慮一點，或許就不會後悔了。但會不會真正的關鍵其實在於，你怎麼看待選擇的後果，而不是選擇本身呢？

Lesson 7 如何在複雜體系中做出最佳選擇？　74

Lesson 8 如何在不確定性中練就決斷力？ 83
Lesson 9 如何讓自己想到又做到？ 93
Lesson 10 感到迷茫沮喪時，應該怎麼辦？ 103
Lesson 11 偏見和謬誤如何欺騙了你？ 113
Lesson 12 決策失誤感到後悔，怎麼辦？ 122

PART 3

成長焦慮

你是真的自己想要變得更好，還是因為別人的期待，才會努力讓自己長大的呢？
沒有人能決定你該變成什麼樣子，只要你滿意自己現在的樣子，你就不該感到焦慮。

Lesson 13 什麼年齡該做什麼事？NO，你要活在「個人時鐘」裡 132
Lesson 14 你離找到真實的自己還有多遠？ 141
Lesson 15 撕下標籤，你的人生你說了算 150
Lesson 16 內向的人，該怎麼活在人人皆主播的年代？ 159
Lesson 17 別用無效的努力掩蓋你的懶惰 168
Lesson 18 如何面對人生的重重困境？ 177

PART 4

職業焦慮

每個人對自己工作都有諸多期許，但在行業競爭異常激烈的今天，有很多人的工作常態是，
壓力過大、迷茫倦怠、想辭職又不敢辭。應該如何應對職場中的這些焦慮呢？

Lesson 19 人生告急，你欠自己一份職業設計 190
Lesson 20 面向未來，創造工作而非尋找工作 198
Lesson 21 不想工作，如何拯救職業疲勞？ 207
Lesson 22 遠離職場「喪星人」，做好能量管理 217
Lesson 23 所謂捷徑，是在自己擅長的領域做到極致 228
Lesson 24 如何保持工作與生活的平衡？ 236

PART 5

關係焦慮

人是群居動物，從來到這個世界開始，就進入了關係的網，需要處理和同事、家庭、朋友、伴侶等各種各樣的人際關係。最後幾堂課我們就來一一探討這幾種關係焦慮。

Lesson 25 無論結婚還是單身，幸福都不依賴別人 248
Lesson 26 如何收穫更有品質的親密關係？ 257
Lesson 27 上有老，下有小，如何跨世代順暢溝通？ 266
Lesson 28 成年人的友誼應該如何維繫？ 276
Lesson 29 如何在社會比較中優雅勝出？ 287
Lesson 30 學會跟自己好好相處 296
後記 告別焦慮，迎向幸福 306

PART 1

情緒焦慮

多數人不會把焦慮當作情緒的一種，
但不可否認的，焦慮和情緒之間的關係非常緊密。
一個快樂的人，比較少會進入焦慮的狀態；
一個難過的人，相對之下會更容易進入焦慮狀態。
為什麼情緒會對於焦慮造成影響呢？
讓我們一起來探索這背後的緣由吧！

Lesson 1

焦慮這種時代病，該如何對抗？

問你一個問題，你覺得焦慮有用還是無用？

你可能會說：「那還用問，焦慮讓人寢食難安，擔驚受怕，如果有可能，我希望自己永遠都能無憂無慮。」

沒錯，焦慮的滋味是不太好受，但它並不一定沒有用處。做為人類進化過程中的一種基本情緒，焦慮既有積極影響，也有消極影響，關鍵是我們如何發揮焦慮的積極影響，同時有效管控無用焦慮，避免消極影響。

首先，我們來看看焦慮有哪些好處，它是如何發揮作用的。

由於生物進化，焦慮做為一種保護我們的安全機制，已經與我們共存了幾百萬年。某種程度上，我們需要它。哲學家海德格（Martin Heidegger）曾說：「為了在這個世界上生存，我們需要焦慮。」在他看來，每天早上起床，送孩子去學校，上班，和同事交往……這些事情占據了我們所有的時間和精力。海德格將這種占據稱為「陷落」。簡單來說，就是我們沉迷於日常事務，忽視或停止了尋找生命真正的意義。當焦慮發作時，我們被迫更多地感知自我，而讓自己有機會重新思考過去。

若要換個心理學的詞來形容海德格所說的「陷落」，那就是「舒適區」（comfort zone），一個人最熟悉且待著最舒服的地方。但如果一直都待在舒適區內，我們就永遠無法進步。而焦慮能幫你打破舒適區，有機會跨出去。

一九〇八年，心理學家耶克斯（R.M. Yerkes）和多德森（J.D. Dodson）曾做過一個著名的實驗，他們訓練老鼠做一個任務，如果老鼠能正確完成，就不會被電擊，一旦牠們答錯了，就會遭到電擊。他們利用了不同強度的電擊，結果發現中等強度的電擊，會讓老鼠最快學會這個任務。兩位心理學家於是用一個倒U型曲線來表示刺激和行為表現之間的關係。後來這個倒U型曲線被廣泛應用到很多領域，像是面對壓力、焦慮等等。

以焦慮為例，當一個人的焦慮水準很低時，表現水準也低。（這很好理解，比如你馬上就要考試了，你卻一點也不緊張，肯定會考不好。）而當壓力和焦慮不斷增大

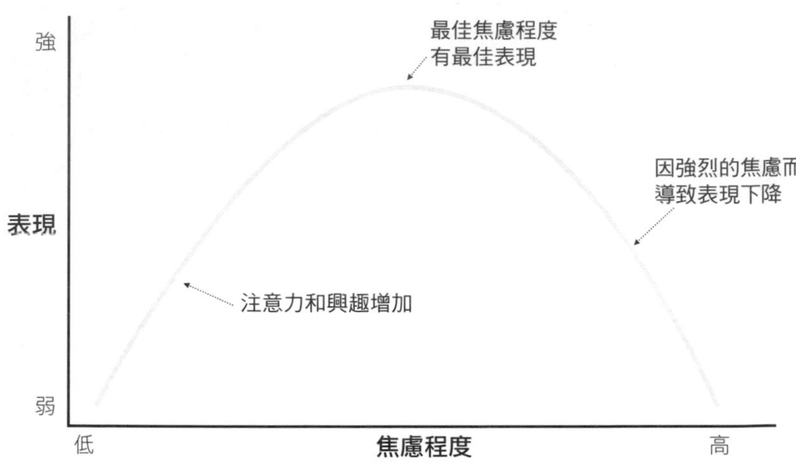

時，表現水準會越來越好，在某個特定的焦慮水準上，能夠做出最佳表現。（這也不難理解，當你有一定的壓力，你就會認真準備，適度的壓力能夠讓你達成更好的效果。）但如果焦慮超過這個最佳水準的話，將會因為壓力過大，又逐漸降低表現。也就是說焦慮過頭，會讓人退縮，產生懼怕心理。後來有研究者就把能夠激發最佳表現的焦慮水準稱為「最佳焦慮」，它是一種「有建設性，讓我們充滿創造力的不適」。

從上圖可以看出，適當焦慮能夠幫助我們走出舒適區，為未來做準備。而我們需要警惕的是那些過度、無益的焦慮以及壓力。它會讓我們對過去耿耿於懷，並對未來惴惴不安，不但問題得不到解決，還可能貽誤解決問題的最佳時機。作家娜妲莉・高柏（Natalie Goldberg）曾說：「壓力是一種無知的狀態。它相信每件事情都很緊急，其實沒有事情是那麼重要的。」

既然我們深受無用焦慮的困擾，那麼如何有效管控它呢？以下分享兩個方法：情緒重翻譯和思維轉個彎。

情緒重翻譯

無益的焦慮情緒就好像一個巨大的牢籠，把人困在其中找不到出路。所以，想要走出盲目的焦慮狀態，就需要把焦慮背後的資訊翻譯出來，將當下面臨的問題具體化，理清楚自己到底被什麼困住了。

比如市場行情不好，公司傳出要裁員的消息。你知道之後很焦慮，不知道自己會不會被裁，下一份工作在哪兒，內心十分慌亂，惶惶不可終日。這時與其四處打聽消息，還不如靜下心，將焦慮情緒背後所要傳達的資訊翻譯出來。你可以問自己：

到底發生了什麼？

我在擔心什麼？

是害怕被裁員後找不到工作嗎？

還是擔心自己能力不足？

當你這樣問的時候，你就會發現，答案本身就指出了行動方案，它會告訴你，此時與其焦慮心慌，不如去做些什麼。比如你擔心失業，就應該重新準備一份履歷，上求職網站搜尋或者透過朋友介紹，提前尋找下一份工作。如果你擔心自己能力不足，就該投入時間提升自我，讓自己成為不可替代的那一位。

經過重新梳理之後，你就能從漫無目的的糾結與擔憂中，看清自己真正應該做的是什麼，把盲目的焦慮感轉化為行動起來的緊迫感，將當下的問題具體化，然後制定出具體的行動方案。

這裡我要特別提醒，焦慮本身只會引發新的焦慮。原來你可能只是為某些事情焦慮，而陷入這種情緒中，你會為自己的焦慮狀態而焦慮。這時候你最應該做的是，透過自我對話的方式，重新翻譯焦慮背後的資訊，把自己從情緒中釋放出來，把「我該怎麼辦」變成「我將怎麼做」。想多了沒用，去做，才能真正幫助你自己。

思維轉個彎

為什麼我們總是被情緒所左右？心理學家艾里斯（Albert Ellis）認為，這是我們的錯誤信念造成的，並為此提出了ABC療法。

心理學小科普

ABC療法是由美國臨床心理師亞伯·艾里斯所提出，也是他後來「理情行為治療法」（Rational emotive-behavioral therapy）的核心元素。艾里斯年輕時個性很害羞，為了改善這種狀況，他有一個月在住家附近的公園，強迫自己跟每一位他遇到的女性交談。在這一百多位女性中，只有一位答應他的邀約，可是後來也把他放鴿子了。但是，艾里斯發現自己沒有那麼害羞了，也不再害怕被別人拒絕。這樣的個人經驗，對他日後發展理論有重要的影響，因為他認為人們之所以會陷入困境，都是因為被自己不理性的思維所影響。只要能夠改變自己的思維，並且有行為上的改變，就有機會脫離這樣的困境。這個治療法直到今日，還是非常受到歡迎。

A是生活中發生的事或者遇見的人，也就是誘發事件。【比如主管把你叫去談話】

B是你對這件事的看法。【你覺得他是在找碴】

C是你這樣解釋之後所導致的結果。【你和主管的關係變得很緊張】

所以，你看，你的情緒C不是由A（事件或人）直接導致的，而是因為B，你的看法所導致。當你對一件事情有不同的認識，你對這件事的看法就會不一樣，最終導致你的感受和行為也會不同。以前面的例子來說，主管把你叫去談話，如果你對這件事的解釋B是覺得他單純在關心你的工作進度，那麼情緒所產生的結果C就是你會認真彙報工作進度，尋求主管的回饋意見，最後工作順利往前推進。

你會發現，實際上不是你碰到的人和事把你耍得團團轉，讓你陷入焦慮和苦惱，而是你對這些人和事的思考和反應，決定了你的心情好壞。換句話說，你自己才是始作俑者。其中的關鍵點在於B，也就是你對事件的思維方式。

既然思維方式如此重要，那應該怎麼做呢？在舉例說明之前，我們先要了解在思維上常犯的錯誤有很多類型：

第一類是我們無法客觀處理訊息，很容易仰賴自己主觀的想法。比如別人問你今天過得好嗎？本來是一個善意的問候，但是你因為今天過得不太好，覺得這個人察覺到這件事情，是故意來找你麻煩，是在嘲笑你。

【你可以這樣做】練習用客觀的方式來處理生活中的大小事，當遇到困難時，問問自己，如果在別的情境下，發生同樣的事情，你會不會有同樣的困擾。或是把自己遭遇到的事情跟朋友分享，朋友通常都能從一個比較客觀的角度來給你建議。

第二類就是會容易走捷徑，沒有仔細了解事情的始末，就對這件事情的發展做了預測。比如看到老闆漲紅臉急著找你，你馬上就覺得他是要來責備你。但其實他只是剛得知一個好消息，跑過來想要告訴你，所以臉才會紅紅的。

【你可以這樣做】練習按部就班，不要讓大腦偷懶，在處理每件事情的時候，先問問自己，整件事情的來龍去脈是否都弄清楚了？對於那些自己不確定的環節，可以把可能性都羅列出來，而不是總是過度的負面思考，覺得事情一定會往不好的方向發展。

就像球類運動有一個很熱門的說法：「球是圓的」，我們看待事情的方式也應該要像這樣，不要死腦筋地覺得只有一種可能的解釋，更不要用錯誤的方式面對生活中的大小事。

只要思維方式對了，你會發現，那些曾經會讓你焦躁不安的事情，像是要跟主管坦承自己業務方面的疏失，都不必然就會有很不好的發展。因為，你可以客觀分析造成疏失的原因有哪些，又有哪些是你該承擔的責任；針對那些你該承擔的責任，你又已經擬定了哪些改善方案。當你不是被動且用一個過於負面的態度來面對事情時，你基本上已經解決一半的問題了。

因此，按照艾里斯這一套方法論，你會很容易調整你的不良情緒，讓自己冷靜下來，開始理性地思考問題。

課・後・總・整・理

焦慮是一種基本情緒，它本身是一件好事。適度的焦慮能夠讓我們獲得更好的表現，但無用的焦慮則需要有效的管控。在這堂課中，分享了兩個擺脫無用焦慮的方法：重新翻譯焦慮背後的資訊，改變認知，排除非理性的錯誤想法。

最後總結一句話，焦慮是一種力量，關鍵是要學會駕馭它。記住，沒有你的允許，心中的野獸是露不出鋒利獠牙的。

思考題

平時你焦慮的時候會怎麼辦，你有哪些擺脫焦慮的方法？

Lesson 2

我不夠好，這是真的嗎？

你有沒有過這樣的經歷，當你行動起來跟焦慮對抗的時候，內心深處總是有個聲音在對你說：我不行，我不夠好，我辦不到。

自我懷疑是焦慮情緒的核心，它會將可怕的想法占滿大腦，讓你綁手綁腳，舉白旗投降，在焦慮情緒的漩渦中打轉。那麼，要怎麼做才能走出自我懷疑，幫助我們擺脫焦慮情緒呢？

為什麼你總是有冒牌貨心理？

我在輔仁大學上課的時候，曾經在課堂中讓學生做過一個練習，請他們拿出一張紙，寫下自己最常說的一句話，然後看看這句話和自己的人生有什麼聯繫。

當天課程結束後，同學小A給我發了一封郵件：

揚名老師，當我在做這個練習時，第一個蹦進我大腦中的詞，竟然是「我不行」。我下意識想要否認，但又好像真的是這樣。我想到實習時主管交代我新任務，我第一個反應是「我不行，我之前從沒接觸過」；在朋友帶我接觸新事物的時候，我的反應也是「你們去吧，我做不好」；家人勸我多出去社交，我就會跟他們說：「我也想，但是我覺得沒有人會喜歡我。」……

「我不行」這三個字讓小A陷入自我懷疑和否定中，即使她並不差。而我們為什麼總是會自我懷疑？我們怎樣才能相信自己？在思考這個問題時，我想起一句鍾愛的名言，是心理學家蓋伊．漢德瑞克（Gay Hendricks）說的：

我們自我相信的過程可能是「羽毛輕撫」，也可能是「大錘重擊」，這完全取決於你的心態。

這句話說得非常詩意，意思是：如果你頑固又封閉，不相信自己，那麼你就傾向掄起大鍾砸向自己；如果你開放又好奇，非常自信，你對待自己的態度就像羽毛輕撫一樣，溫暖有愛。

如果生活中你總是想著自己做不到、自己不行，那麼通常情況下，你無法客觀正面的評價自己，就算有人誇你，你也覺得只是客套或嘲諷，經常自我設限，錯過很多可能性和精彩的體驗。這樣的人，總是傾向大鍾重擊自己。

為什麼會這樣呢？這背後有文化、性格、個人成長經歷等多種原因。就拿文化來說，東方文化提倡謙虛，甚至會用打壓貶損的方式製造焦慮，激勵一個人，讓他更加努力上進。就像有些父母在外人面前不僅不會誇讚孩子，還會專挑毛病，拿別人家的孩子做比較。外在的評價方式會影響內在的評價方式，長此以往，這個「被激勵」的孩子就會真的覺得自己不夠好。

而西方世界會更傾向鼓勵和讚美。我小學六年級轉到美國念書時，作業根本不會寫，明明寫得很差，老師給我的作業評價竟然是 very good。後來我才知道 very good 的意思其實是不太好，若是真的不錯，會用 excellent 或是 brilliant exceptional。但當時我很感激老師能這樣稱讚自己，讓我不至於在剛去一個陌生地方時感到恐懼和自卑。

假如很不幸的，你總是遭受大錘重擊，最後結果就是很容易患上「冒名頂替症候群」（imposter syndrome）。一九七八年，美國心理學家寶琳・羅斯・克朗斯（Pauline Rose Clance）和蘇珊・艾姆斯（Suzanne Imes）將「認為自己不配擁有所達到的成就、所處的狀態、所得到的肯定和關愛」的現象稱為「冒名頂替症候群」。有這種症狀的人往往會陷入自我懷疑，即使他們被人稱讚，也會覺得自己實際上沒有那麼好，只是稱讚者被他們欺騙而已。這些人傾向於把成功原因歸為外部環境，例如他人的幫助、難以置信的運氣等等，而非因為他本身足以勝任。但其實覺得自己不聰明、沒有能力都是一種虛假感。也就是說，事實上他們並沒有那麼差。

心理學小科普

冒名頂替症候群與社會大環境有緊密的關係，當大環境認定具備某些特質的人比較容易成功，而你不具備這些特質時，你就有可能會自我否定。過去研究顯示，冒名頂替症候群的盛行率在女性和少數族群是比較高的，他們很容易認為自己並不是真的成功，只是還沒有被揭穿是個冒牌貨。當中一個很重要的原因，就在於他們的努力太少被大眾肯定，以至於覺得自己沒有成功的本錢。另外，當你的成就越非凡，冒名頂替症候群的狀況也會越明顯。就連愛因斯坦本人都曾經向友人坦露，成就所帶來的自我膨脹，讓他感到很不舒服，不由地會覺得自己是個騙子（'the exaggerated esteem in which my lifework is held makes me very ill at ease. I feel compelled to think of myself as an involuntary swindler’）。雖然冒名頂替症候群目前在臨床上未被歸類為精神疾病，但其影響不容小覷，尤其是對個人壓力的影響。

至於要如何擺脫這種虛假感，從自我懷疑到讓自己發光呢？不妨試試下面介紹的兩個方法：五秒法則和以終為始。

五秒法則，從懷疑到行動

第一個方法「五秒法則」（The 5 Second Rule）是美國一位暢銷書作家梅爾・羅賓斯（Mel Robbins）提出的，她以自身經驗告訴大家，當你感到懷疑、恐懼、有壓力，或者有拖延的衝動時，倒數「五、四、三、二、一」，可以讓你立即行動起來。

羅賓斯認為我們很多時候是想太多了，當你花越多時間去想一件事情，你就有越多的可能性會發現自己沒有辦法完成一件事情。這點我覺得成年人要多跟孩子學習，我在和孩子參加活動時，常會看到主持人提問的時候，小朋友都會踴躍舉手搶答，包括我家的孩子。

有一次我很確定孩子應該不知道問題的答案，就問他說：「你應該不知道這個答案吧，那你為什麼要舉手？」

孩子很天真的回我：「因為你知道答案，所以我要先舉手，若我被點到了，你就會馬上告訴我答案，對吧！」聽到孩子這樣的反應，我真是好氣又好笑。

確實，有時候想太多，反而會讓一些衝動就被澆熄了。這也是為什麼很多電商平台都很喜歡做些限時、限量的搶購活動，就是要讓你在衝動下購物。如果給你太多時間思考，你就有可能會反悔。

不過，聰明的商家連這一點都幫消費者考慮到了。在這波疫情前，我有一次在衝動之下，幫全家訂購了去歐洲旅遊的機票。這家航空公司的網站很特別，除了告知哪個時間之前要付款，否則機位就會被取消之外，還有一個選項，就是你可以先付一筆訂金，延長付款時間，如果之後確定要付款，這筆費用就會被折抵。因為有了這樣的替代做法，我就很放心大膽的訂了機票，並且支付了這筆費用。

羅賓斯在自己TED的演講中，鼓勵大家要多練習五秒法則：如果看到一個人，你有衝動想要認識他們，就走過去打招呼，不要在旁邊盤算，到底要用什麼方式打招呼，如果這個人不想要理會你，又該怎麼辦。去做，就對了！

舉一個我自己親身經歷的例子。在我首次做線上近萬人的直播時，其實我心裡也非常擔心，怕自己會忘詞，用戶提的問題回答不上來，一連串問題讓我有些想打退堂鼓。後來我就用五秒法則，在數到「一」的時候，強迫自己停下來，不要再想，先認真準備講稿。

五秒法則能夠幫助你專注目標，從自我懷疑、恐懼的想法中脫離出來，把注意力集中在應該做的事情上，改變自我懷疑、猶豫不決、做事拖延的壞習慣。

以終為始，相信成長的力量

第二個方法是以終為始，用未來的自己來同理現在的自己，相信成長的力量。

意思就是想像對面站著五年或者十年後的另外一個你，他會對你當下面臨的事情怎麼想、怎麼做。那個未來的你，歷經磨礪成長，變得更加自信，更有力量，而想像並相信那個未來的你，能和你一起面對當前的困境。

記得我小時候剛去美國，由於語言不通，沒有朋友，曾經度過一段艱難的時光。那時我很喜歡看漫威，特別是擁有超能力的蜘蛛俠。有一次搭車坐錯站，我對當地環境不熟悉，又不敢找人問路，心裡非常害怕，就幻想自己變成蜘蛛俠，從天而降，給自己加油打氣：「Yes, you can.（你一定可以的）」這種想像莫名地給我帶來力量，於是我鼓足勇氣，用蹩腳的英語找人問路，最後安全到家。

不要小看這種想像，僅僅透過想像長大後的自己，與未來的你保持連接感，就能夠擁有更多的信心、勇氣和力量。

課・後・總・整・理

放棄自己力量最常見的方式，就是認為自己毫無力量。自我懷疑會讓人陷入焦慮情緒的漩渦，無力脫身，常常會有「我不行，我不配」的虛假感。

要想擺脫這種虛假感，讓自己重獲力量，你可以試看看這節課介紹的兩個方法，第一個是倒數「五、四、三、二、一」，從懷疑到行動，找回控制權；第二個是讓未來更有能量的自己來同理你的現狀，相信成長的力量。

思考題

想一想你平時對自己最常說的是哪些話？當你自我懷疑的時候，你是如何接納自己的？

Lesson

3

為什麼你總是不能放過自己

每天似乎都有一百種讓我們焦慮的可能，但是為什麼我們會如此焦慮？焦慮的根源又是什麼呢？

如果深挖情緒的根源，幾乎所有焦慮的背後，都指向同一個問題——你從未處理好與自己的關係，不懂自己，不接納自己，甚至是不放過自己。**自我關懷，善待自己是一種能力，它常常比關心他人更困難。**

我在美國擔任博士後研究員時，身邊有一位女同學Annie，她在大家眼裡是一個非常溫暖而又親切的人。每次她來辦公室，都會給大家帶好吃的零食；每週也固定到養老院做義工，看望那裡的老人；每當身邊有朋友遇到困難，她總能提供及時的幫助，並且寬慰對方：「這不是你的錯，別擔心，會好起來的。」可是，就是這樣一個很會善待他人的人，對自己卻極其苛刻。

有一次她在一個小型的內部研究報告會上發言，陳述課題組的研究結果，在彙報過程中，一個實驗數據有誤，被人當場指出，雖然她當時做出了恰當的應對，而且整個報告效果也不錯，但是結束之後，她卻因為這個小錯誤，不停地責怪自己很蠢，覺得自己一無是處。

你是不是也像Annie這樣，把溫柔都給了別人，不懂得善待自己，能夠接納他人的不完美，卻總是放不過自己的一點過失？

想要更好，先練習疼惜自己吧

專門研究「自我慈悲」（self-compassion）理論的心理學家克莉絲汀．聶夫（Kristin Neff）發現，對於自己以及對於他人的關懷，比如同情和幫助他人的行為之間，兩者並無關係。也就是說，一個善於對他人展現慈悲的人，並不一定就會對自己也展現慈悲。與之相對應的是，缺乏自我慈悲的人常常會自我批判（self-criticism），在他們大腦中似乎一直存在一個尖銳的、消極的、指責自己的聲音。就像前面提到那位女同學一樣，習慣用負面方式激勵自己，遇到困難和挫折時，總是習慣告訴自己：「連這麼愚蠢的問題我都會犯，我就是個魯蛇（loser），一個失敗者。」他們總是透過讓自己討厭當下的自己，來敦促自己改變，獲得改變的動力。

相反的，如果你仔細觀察身邊那些能夠做到自我慈悲的人，通常他們在三個方面做得特別好：

(1) 發自內心欣賞自己，接納自己的身體和外在。

我們身邊或許就有這樣的人，雖然看起來顏值不高，或者身材不好，但他們依然喜歡自己的樣子。

(2) 面對負評能夠保護自己。

即使被說長得不好看或不夠聰明，他們在收到這些負面評價時，不會因此陷入情緒低谷，更不會苛責自己。

(3) 能感受到並相信自己的能力。

他們也擁有能夠承認、欣賞、相信自己的能力，對於自己懷有積極的想法和樂觀的態度。

當一個人能夠做到真正的自我接納和自愛，他和真實自我的關係將變得更融洽，既不會自欺欺人地放縱自己，放棄為好好生活付出努力，也不會透過自我苛責，去傷害或攻擊自己，消耗內在的情緒資源。像這種人即使感到煩惱焦慮，也不會陷入自我懷疑。

那麼，這種自我關懷的能力能夠訓練出來嗎？可以，下面同樣提供兩個方法，大家有機會不妨多練習，學習如何疼惜自己。

故事思維，從「演員心態」轉化為「觀眾心態」

第一個方法是想像自己是個編劇，為困擾自己的事情重新換個主角。

當你開始自責，批評自己的時候，試著把你正經歷的事情想成一個故事片段，比如你現在是故事的主角，正為屢次減肥失敗而埋怨自己。然後試著為你的故事換一個主角，例如換成有粉紅豬暱稱的女演員鍾欣凌，或是你身邊任何一個胖一點的朋友。接著問自己一個問題：如果他是我，面對這一切，會怎麼做呢？

當你將自己正在經歷的故事變成一個劇本，並把主角進行替換之後，你會發現，其實你在某種程度上已經抽身出來，從參與其中的演員變成了鏡頭之外的旁觀者，從被動演繹變成提高維度去看你自己的人生。換句話說，就是從「演員心態」轉化為「觀眾心態」。

所謂「演員心態」，就是你自己參與其中，扮演一個角色，正在為不如意的事情自我批評，而由於身處其中，你無法剝離情緒和事實本身。但換成「觀眾心態」就不一樣了，它讓你處在局外，重新看待困擾你的這件事，這時你能夠以朋友或陌生人的視角，去關懷正在經歷困擾的那個人。

繼續以減肥這個例子來說，如果故事主角換成鍾欣凌，她正因為減肥失敗而難過，甚至懲罰自己。站在「觀眾心態」的視角上，你會不會安慰她：「妳胖得很好看，不用再減了，也不必為此難過，我們喜歡胖乎乎的妳。」

我在前面已經說過，缺乏自我慈悲的人往往是不會愛自己，但對朋友、陌生人能夠產生共情或關懷，而變身成為編劇，把困擾你的事情重新換個主角，利用的正是這一點。想像正在經歷這件事的，是你的朋友或者你敬重的人，你就會像關心朋友那樣來關心自己了。

心理學小科普

雖然這裡提到要採用觀眾心態，但有時做個稱職的演員也好。因為很多時候你以為自己是當事人，正照著腳本演出，但實際上根本心不在焉，被其他事情困住，沒有扮演好演員的角色，使得其他演員也都受到影響，這是個牽一髮動全身的過程。而除了在生活中扮演好自己的角色，你也可以透過心理劇，假裝當個稱職的演員，對於面對生活中的大小事也有幫助。即便心理劇是依據別人給的腳本，或是自己杜撰產生的腳本，都有助於檢視自己在不同情境下，會有怎樣的感受，以及你做出的反應會引發什麼效益。所以，你也可以針對自己的生活情境，撰寫不同的腳本，並且當個稱職演員來預演不同的版本，或許也會對你有所啟發。

無條件接納自己

第一個方法是用換位思考和共情的方式，讓你試著體貼自己。如果說這是一種權宜之計，第二個方法則是讓你徹底放下自我評價，無條件的接納自己。

按照心理學家艾里斯的說法，無條件接納自己意味著：不管你是否做出了聰明、正確或有能力的表現，不管其他人是否認可、尊重或喜愛你，你完全的、無條件的接納自己。也就是說，無論你是堅強還是軟弱，是勇敢還是膽怯，是成功還是失敗，你都能接納自己的全部。

但是我們從小都被要求要追求成功，展示自己優秀的一面，往往無法接受自己膽小、軟弱、不夠聰明的一面。正因為如此，要做到無條件接納自己，其實很難。所以我將會給你一個藥箱，裡面備有兩味藥，希望能幫助你在評價指責自己的時候，能夠停下來抱一抱自己，接納自己。

第一味藥叫做「與自我批判爭辯」

當你的腦海中一閃現這個念頭——比如被偷偷暗戀的對象拒絕了，你覺得一定是因為自己長得不好看——就要立刻打住！在這個念頭從腦際閃過時，你需要為自己做一些自我爭辯：

「不是的，他拒絕我，可能是我們倆的性格不合適。」

「或者是他還沒有發現我身上的優點。」

「也有可能是我們的緣分還沒到。」

這幾句話提到的性格不合適、認識不夠深入、緣分沒到，都是一種自我爭辯。當你這樣想的時候，就能夠有效降低內心受傷的可能性，停止負面的自我評價的聲音，從攻擊批判自己中跳出來。

第二味藥叫做「恢復自我價值，發現自己身上的亮點」

延續前面所舉的例子，「被暗戀對象拒絕這件事，雖然讓我感覺很難受，但這並不意味我是一個糟糕的人。」不要根據他人的意見和評判，或者世界上的任何事情，對於「我」這個整體做出定義，去發現自己閃光的一面。

你可以這樣想：雖然他拒絕了我，但我條件並不差呀，儘管長得不是標準意義上的美女，但我性格溫柔，廚藝精湛，也很會體貼人，身邊還有那麼多喜歡我的朋友。而且和不對的人早一點結束，表示離對的人又更近一步，收拾好心情，準備迎接下一份情感的到來吧。

自我價值感在恢復自己的過程中，發揮了至關重要的作用。當你看到自己身上的亮點，對自己充滿自信，也就更容易擁抱自己，接納自己。

課・後・總・整・理

請相信「我是值得的」。只有接納自己的不完美，甚至失敗，你才可以和真實的自己合一，自在生活。當然，這是一個需要不斷練習的過程，冰凍三尺非一日之寒，花了幾十年形成的情緒模式和信念系統，仍需要不斷的去覺察和清理。人終歸要和那個「必須要怎樣的自己」以及「滿身缺點的自己」和解。愛自己是一切的根源，只有懂得愛自己，才會正確面對焦慮，敢於與不確定性共舞。下次當你對自己不滿，責備自己時，不妨嘗試以故事思維，透過轉化「觀眾心態」和無條件接納自己，讓自己接受當下，放下過去，與自己和解。

思考題

針對你所認為的自身缺點，從朋友的角度給自己寫一封信，想想看他會對你的缺點做何反應。

Lesson

4 情緒是什麼？你知道的可能都是錯的！

你看過《腦筋急轉彎》（*Inside Out*）嗎？即使沒有看過這部動畫電影，你覺得憤怒、悲傷、害怕等情緒，是天生存在於我們大腦中的嗎？「是」或「否」，請快速做出判斷。

你覺得每種情緒都有特定的表現嗎？比如害怕就會瞳孔放大、心跳加速，就像美國影集《謊言終結者》（*Lie to Me*）中演的一樣，識別表情就能識別情緒嗎？

以上兩道題，你的答案是什麼。我想大多數人應該都會選擇「是」。孩子出生的那一刻就會哭，母親一逗就會笑，情緒當然是天生的啦！開心了會笑，不開心就哭，這不也是再簡單不過的常識嘛。

其實，這兩道題的正確答案都是「否」。

為什麼？因為情緒不是進化而來，天生存在你的大腦，而是你自己製造出來的。

自己製造的？是不是聽起來有些驚訝？而且情緒也沒有統一標準，不同文化對情緒的解釋有很大不同，某一種情緒並不一定都有特定的表現，比如悲傷不一定都會流淚、皺眉、兩眼無光，所以我們很難透過表情來識別情緒。怎麼樣，是不是和你之前對情緒的認識完全不一樣？

問世間「情緒」為何物

我在大學時看過一本書《記憶vs.創憶：尋找迷失的真相》（*The Myth of Repressed Memory*），是美國知名心理學家伊莉莎白・羅芙托斯（Elizabeth Loftus）和凱薩琳・柯茜（Katherine Ketcham）合著的。作者在書中提到她參與過的一起法院審理案件，不少中年婦女突然告發自己的父親或是親戚在童年時曾經侵犯過她們。

事實到底如何？羅芙托斯經過審慎的研究發現，被侵犯的記憶是這些婦女自己創造的。原因是她們多數都面臨事業、家庭的挫敗，可能是在互助團體中，把別人的故事當成自己的，或是被催眠誤導，認為自己現在的失敗都是小時候被侵犯所造成。

我當時看這本書的時候非常疑惑，按理說被侵犯這樣的事件，情緒應該非常激烈，怎麼會被忘記，又是為什麼會被扭曲呢？這成了一個契機，從那以後我就開啟了一系列有關情緒的研究。

因為研究倫理，我們不可能傷害一個人，讓他進入非常抑鬱的情緒當中做研究。所以心理學常用給人呈現帶有情緒成分的圖片做為替代，比如一張張表示高興、難過、憤怒等情緒的表情圖，或是使用有情緒字眼的字詞。雖然結果看起來這些帶有情緒性的素材，會對人產生一定的影響，但是每次我都會被質疑，「你怎麼確定這個效果就是由情緒造成的呢？」我聽了有些不服氣，卻也百口莫辯。

情緒研究從 1.0 升級 2.0 版

直到我遇到美國心理學會主席，我的博士後導師麗莎．費德曼．巴瑞特教授（Lisa Feldman Barrett），跟著她一起做研究後，完全革新了我對情緒的認識。如果說我以往所學的所有有關情緒的知識，從柏拉圖到亞里斯多德，從佛洛伊德到達爾文，甚至是近代以來的所有心理學研究，都是傳統1.0版本的話，那麼巴瑞特教授的情緒理論，我覺得是全新的2.0版本。為什麼這麼說呢？

傳統1.0版本的情緒研究認為：第一、情緒是被引發的，也就是說因為外界的刺激我們才會產生情緒；第二、有所謂的基本情緒，比如快樂、憤怒、悲傷等；第三、特定的情緒就該有特定的反應。

巴瑞特教授根據她長達三十年的研究，提出了一套全新2.0版本的情緒理論觀點。她認為情緒不是與生俱來，也不是被動引發，而是我們的大腦創造出來的。沒有所謂的基本情緒，而且某一種情緒的反應也不是一成不變。

這聽起來有點難理解。舉例來說，回想小時候上學，有些同學愛惡作劇，如果發現一個你討厭的同學，趁你不注意在你背後貼紙條，你可能會火冒三丈，甚至找他理論，對不對？其實仔細想想，你發那麼大火的原因，並不是這個同學的惡作劇激起你的憤怒情緒，而是你基於個人的性格、習慣、觀念、記憶，對這個同學的惡作劇進行了解釋之後，才迅速創造和表現出「憤怒」的情緒。如果換成一個你喜歡的同學在你背後貼紙條，你可能就會一笑置之。所以惡作劇本身不會引發生氣的情緒，而是你自己製造的。

心理學小科普

麗莎・費德曼・巴瑞特教授是美國東北大學心理系特聘教授，曾任心理科學學會理事長，並在二〇一九年拿到古根漢基金會研究學者獎。十多年前就曾得到三百萬美元的研究經費，在學術領域是數一數二的佼佼者。巴瑞特教授是我擔任博士後研究員時的導師，她對於追求真理有很強的執念，但有別於很多頂尖學者，她不會被既有的框架限制，而是有幾分證據說幾分話，擅長開拓新局，破除大家錯誤的既定印象，這點從她出版的兩本書中可得到驗證。她在《情緒跟你以為的不一樣》中帶大家重新認識情緒的運作，這堂課介紹的內容有不少就是源自這本書。另外，在《關於大腦的七又二分之一堂課》（*Seven and a Half Lessons about the Brain*）中，她以七篇簡短的文章穿插小故事引領讀者認識大腦這個器官，也是相當具有啟發性。

我們才是情緒的主人

因此我們可以看出，情緒不是天生就有，不是被激發出來，而是我們的大腦根據從小接受的教育、過去經驗等來解釋眼前發生的事情，而創造出你對這件事的情緒反應。所以，我們會看到身邊的人，面對同樣一件事，會有不同的情緒反應。比如同樣被公司炒魷魚，有的人會記取教訓，總結經驗，越挫越勇；而有的人就會悲觀消極，自我貶低，自暴自棄。這就是因為不同的人，對同一件事做出的解釋以及創造出的情緒是不同的。

再強調一次，情緒並不是與生俱來，而是我們的大腦創造出來的。對此你應該感到開心才是，這說明我們是情緒真正的主人，可以避免壞情緒的發生，多去創造對自己有利的積極情緒。

那麼具體可以怎麼做呢？巴瑞特教授在《情緒跟你以為的不一樣》（*How Emotions Are Made*）這本書中提供了一些可以練習的方法。

保持健康，避免生理問題影響情緒

這個方法聽起來像是老生常談，但是保持身體健康真的很重要，尤其是對我們的情緒感受。

很多時候，我們的負面情緒都是因為生理上的不舒服所造成的。比如夏天排隊買奶茶，在大太陽底下排隊排很久，又熱又累，這時你就很容易因為小事情而動怒。或是前一天晚上沒睡好，第二天上班精神狀態不佳，也會容易在工作過程中與人產生摩擦。這些都是生理上的不舒服，我們卻往往會誤以為是自己心理上不舒服，因而引發負面情緒。

要想保持生理上的健康，其實很簡單，只需要做到三點：**⑴飲食健康；⑵定期鍛煉；⑶保證充足的睡眠**。

這些說起來很老套，毫無新意，但健康的身體是精神狀態的基礎，所以，建議你能更加重視自己的身體，每天飲食合理、少熬夜，保持適量的運動，不要以為年輕就可以隨意揮霍。因為身體健康，才是應對負面情緒最好的解藥。

增加多元體驗，豐富生活經驗

介紹完第一個方法，我們接著再來看第二個，想辦法創造更豐富的生活經驗。

這堂課前面已經說過，情緒是我們依據過往經驗創造出來的。我們過去的經驗，不管是直接經驗，還是讀書、看電影這些間接經驗，匯集構成了我們解釋情緒的資料庫。這個資料庫的內容越豐富，我們就能為你遇到的事情賦予不同意義，構建出不同的情緒。

有一次我去日本旅行，要見一個日本朋友，約好早上九點拜訪，我準時到了他家門口，當他在門口迎接我時，卻提醒我遲到了。我當下感覺很委屈，心想我明明準點到的，哪有遲到啊。後來我才知道日本人的時間觀念，準點就算遲到，如果跟人約了時間，最好能提早五至十分鐘到。

有了這個背景知識後，我就不太會因為時間觀念感到內心不悅，而且和不同國家的人交往時，也更能理解和尊重他們的時間觀念。這就是豐富生活經驗的好處，讓你能夠更加靈活調整自己的心態，賦予積極意義。

課・後・總・整・理

先提醒一下有孩子的朋友們，當你在教孩子認識情緒時，注意不要給他們留下刻板印象。比如，人在高興時就會微笑，憤怒就會皺眉等等。雖然很多電視卡通都是這樣表達，但你可以幫助孩子去了解各種各樣多彩的世界，讓他們明白，微笑不僅能表達快樂，還可以表達尷尬、憤怒，甚至是傷心。這主要取決於環境。

所以，情緒不是「降臨」到你身上的，而是你自己製造的。不同的情緒，包括焦慮，都是我們大腦建構出來的，這也從科學的角度再次說明了，我們才是情緒的主人，而不是情緒的奴隸。保持身體健康和旺盛的精力，增加多元生活體驗，這樣就能逐漸掌控情緒，不再被外界的變化所左右。

思考題

你覺得情緒是怎麼對你造成影響的呢？如果依據情緒2.0的說法，你是否會改變原本的看法呢？

Lesson 5

每個來煩你的情緒，都意味著一次自我提升

我平時在家很喜歡和兩個孩子一起讀古詩詞，不僅因為古詩詞能幫助孩子培養文化底蘊，更在於它還能提高孩子的情商。

舉例來說，在你感到特別開心時，或許你會跟人說：「哎呀，我今天真是太開心了，好嗨呦！」但如果翻開唐詩宋詞，你會發現大量描繪開心的詞彙，有不同的層次和內涵。比如：杜甫的「卻看妻子愁何在，漫卷詩書喜欲狂」，這是一種狂喜之情；孟郊的「春風得意馬蹄疾，一日看盡長安花」，這是一種神采飛揚的得意之情；李白的「仰天大笑出門去，我輩豈是蓬蒿人」，這是一種豪放之情。諸如此類的情感表達在古詩詞中非常豐富。

為什麼情感表達越細膩，情商越高呢？這和「情緒顆粒度」（emotional granularity）這個概念有關。

「情緒顆粒度」是巴瑞特教授在九〇年代所提出的概念，它指的是「一個人區分並識別自己具體感受的能力」。這個定義稍微有些複雜。我舉個例子說明，可能會比較容易理解。

二〇二〇年新冠肺炎爆發時，有的人可能會說：「我第一個反應是恐懼，不會傳染到我和我的家人吧。緊接著第二反應是悲傷，有那麼多人感染，我卻無能為力。」而有的人可能會說：「我感受到一股無法被確切描述的巨大情緒，挺難受的，感覺周圍人心惶惶。」

情緒顆粒度的顯著特徵之一，就是情緒詞彙的豐富性。在前段兩種描述中，前一種的情緒顆粒度比較高，他能夠用具體的情緒詞彙描述自己的感受，例如「恐懼」、「悲傷」；而後一種的情緒顆粒度比較低，只是用「挺難受的」這種籠統的詞彙來表達混沌的感覺。

如何判斷自己情緒顆粒度有多細緻呢？我們來做個測試：

你能在20秒內列舉出幾個表示「開心」的情緒詞彙？

（怎麼樣？能超過10個嗎？你能想出10個就很不錯了。）

巴瑞特認為，熟練掌握幾十個情緒概念的人，情緒顆粒度就屬於中等程度了。一個情緒能力高的人，不僅能掌握很多情緒概念，而且知道什麼時候用哪一個概念。就像畫家、設計師，他們對顏色的顆粒度很敏感，能辨別很多種不同的顏色，哪怕只是紅色，也可以分出暗紅、玫紅、酒紅、胭脂紅等等，並且會根據作品的特點，適時選擇合適的那一種顏色。

情緒的體驗越豐富，越細緻入微，表達得越清晰，一個人的情緒顆粒度就越高。情緒顆粒度的高低，直接影響著我們管理和應對情緒的能力。那些情緒顆粒度高的人，更能夠分辨並表達自己的情緒，也能更好地掌控和管理自己的情緒，和情緒做朋友，而不容易被情緒控制。也就是說，**提高情緒顆粒度，就能直接提高人們處理負面情緒的能力。**

所以，在某種意義上，情緒顆粒度是情商的基礎。因為管理情緒的前提就是你能夠識別並表達情緒。

情緒顆粒度越細，我們就可以越有針對性地對每個情緒進行分析，找到對應的解決方案，相當於擁有更多的「兵器」。當情緒顆粒度很粗的時候，也就無從分析，應對情緒的方式只有簡單的一、兩種。就像華爾街著名投資家巴菲特（Warren Buffett）的合夥人查理・蒙格（Charlie Munger）常掛在嘴邊的老智慧：「當你手裡只有一把鎚子，看什麼都是釘子。」

既然情緒顆粒度這麼重要，我們可以如何細化情緒顆粒度呢？下面介紹兩個方法，第一個是盡可能學習新的情緒詞彙，第二個是仔細品嘗每一次的情緒體驗，把每個來煩你的情緒都當成一次自我提升的機會。

學習新的情緒詞彙

首先要做的是，學習情緒詞彙，編一本屬於自己的情緒概念詞典。

巴瑞特教授曾經做過一個研究，她讓人們練習區分黑猩猩的面部表情，其中一半的人會先學習不同的情緒詞彙，另一半的人可隨意用自己的方式做標記。結果發現，學習過不同情緒詞彙的人，能夠比較好的區分黑猩猩面部表情。也就是說，我們在做面部表情區分的時候，情緒詞彙很重要。

多閱讀，試著編一本屬於自己的「情緒概念詞典」

當你在表達情緒時，不要只用「快樂」，可以使用一些具體的詞彙，例如「狂喜」、「喜悅」以及「備受鼓舞」。也不要什麼時候都用「悲傷」一詞，學著了解「氣餒」和「沮喪」的差別。多去掌握一些內涵更豐富的情緒詞彙，比如「歡暢」就比「歡樂」微妙，「猜忌」比「懷疑」更有想像空間。情緒詞彙是生活的工具，當你的工具包越大，大腦就可以更靈活地預見並確定行動，你便可以更好地應付生活。

學習詞彙，不要把自己局限在你的母語中

除了日常使用的母語，你還可以學習一些外來語中描述情緒的詞彙。倫敦瑪麗皇后大學「情緒歷史中心」研究員蒂芬妮．史密斯（Tiffany Watt Smith）從世界各地的語言中收集了一百五十六個表達不同情緒的詞，並將它們收錄在她的著作《情緒之書》（*The Book of Human Emotions*）中，例如：

「Awumbuk」，這是巴布亞紐幾內亞拜寧人的語言詞彙，意思是「訪客離去後的空虛落寞」。你可能有過這樣的感覺，家裡來了客人，我們會討厭他們把家裡弄得一團

糟，但當他們真的離開，你又可能會覺得家裡空蕩蕩的。拜寧人於是發明了一種方式來消除這種落寞的情緒，在客人離開後，他們會裝滿一碗水放過夜，讓它吸收惡化的空氣，第二天早起，儀式性地將那碗水潑到樹叢裡，然後開始新的一天。

「L'appelduvide」，這是一個法語詞彙，意思類似「虛無的召喚」，指你在某一刻突然被無法解釋的思緒控制了大腦。比如站在天橋上，看著下面川流不息的車輛，突然有種跳下去的衝動。雖然你不知道這種衝動從何而來，但它可能會使你產生喪失力氣、搖搖欲墜的感覺。不知道你有沒有類似的感受，當我看到這個詞，瞬間感覺之前混沌的情緒一下子找到了出口，有種共鳴感。

心理學小科普

多數的人都會覺得使用母語時，最能夠如實的表達自我，原因之一就是對於母語的詞彙是比較廣且熟悉的，能夠找到最符合那個情境的詞彙。同理，當你懂得越多情緒詞彙，你就能夠把自己的情緒做比較細緻的分類，這就是巴瑞特教授在談論的「情緒顆粒度」。

你知道中文有多少詞彙是被用來描述情緒的嗎？鄭昭明等人在二〇一三年曾發表一個研究，將華人的情緒類別做結構分析，標記了三〇五個情緒詞彙，然後把描繪基本情緒的詞彙分為九類。以「怒」為例，他們記載了十四個詞彙：生氣、忿怒、怒、氣不過、氣惱、氣憤、盛怒、惱火、惱怒、憤怒、憤慨、暴怒、震怒、激憤。若你能區分這十四種不同的怒，就能越細緻區分自己的情緒經驗。

（＊參考資料：中華心理學刊，55卷4期[2013／12／01]，P417-438）。

仔細品嘗每一次情緒體驗

不過，詞彙學習只是第一步，真正要領悟這種情緒，你需要真實的體驗。所以，第二個方法就是，珍惜每一次情緒的降臨，把它當成自我提升的機會，細細品嘗。

你最近一次生氣是什麼時候？

是因為什麼事情，你還記得當時的感受嗎？

在你開始回想之前，先跟大家說一個發生在我身上的小故事：

有一次我家老二吵著要喝汽水，我買了一罐給他之後，他看到哥哥在喝果汁，就故意把汽水打翻，然後在那邊自言自語：「如果現在有果汁喝，我會很開心。」我聽了很生氣，因為孩子喜新厭舊，不懂珍惜，還裝無辜。但同時我也不得不感嘆老二的伎倆，實在太高明了，因此我當時是一種好氣又好笑的感覺。

當你去回想自己經歷過的某一種情緒時，你會發現，每一次情緒爆發的緣由不同，強度不同，你的感受也會不同。

有的時候，你會氣到全身發抖；有的時候，則是滿臉漲紅。如果你細細品嘗，就會發現原來自己可以創造出很多不同的情緒經驗。哪怕是快樂，也會有很多不同形態的快樂。

當然，有些情緒我們可能沒辦法創造直接體驗，比如極度的仇恨、悲憫世人的大愛等，這時你可以用讀書、看劇的方式，來增加你的間接體驗。

就拿看劇來說，當你盯著螢幕的時候，不妨可以多留意劇中角色是怎麼表達他們複雜的情緒，然後想像一下，如果換成是你在那個場景裡，會有什麼樣的情緒，會做出什麼行動。

當我們用心地體驗這些情緒複雜的場景，跟學習過的情緒概念結合起來，以後在自己遇到類似的場景時，就可以更敏銳地覺察到其中的情緒。而一旦你開始用這種新的視角看劇，就會發現樂趣比過去要大得多。你不只是在看劇情，還可以像內行人一樣看門道。

課・後・總・整・理

管理情緒的關鍵第一步，是識別情緒。想要準確識別情緒，需要細化你的「情緒顆粒度」。試著掌握更多的情緒詞彙，並珍惜每一次情緒的降臨，讓你的情緒顆粒度足夠細，成為一個高情商的人。

思考題

說出你今天或者最近感受到的一種情緒，盡可能詳細地描述它。

Lesson

6

如何才能成為情緒穩定的成年人？

做為一個心理學家，我走到哪兒都愛觀察人。不同人的行為方式、說話方式，遇到事情的處理方式，都能反應出一個人的性格特點。有一點不知道你有沒有同感，我們身邊那些真正優秀的人，能讓你打心底產生依賴感、安全感、信任感的人，往往都是情緒很穩定的人。想想看，是不是？

就像我們從小愛看的武俠小說裡面的人物，比如《天龍八部》裡的喬峰，遇到突發事件，他鎮定自若，是大家的主心骨；取得成功，做出值得炫耀的事，也不會沾沾自喜，到處宣揚。他們並不是沒有情緒，只是能夠做到不以物喜，不以己悲，喜怒不形於色，保持情緒的穩定性。

為什麼情緒穩定是一個成年人稀缺的本領？如何才能鍛煉出這種能力呢？這就涉及到「情緒穩定性」（emotional stability）了。

所謂情緒穩定性，通常指的是人保持情緒平穩的能力，和我們所說的一個人是不是敏感、情緒調節能力強弱有關。

具體來說，一個情緒較為穩定的人，更容易專注在實現目標上。比如工作過程中即使被指責，也能夠專注在應該做的事情上，而不會過於受到情緒干擾。其次，情緒穩定性高的人，更能抑制衝動，在負面情緒爆發時不會做出過激行為。第三，情緒穩定性高的人比情緒穩定性差的人，對情緒有更清晰的認識。也就是說，此刻他有什麼情緒，他能夠具體說出來，而不是籠統的說很難受或很空虛。

此外要強調的是，情緒穩定性不單單表現在情緒波動上，它有很多層次的外在表現，比如自我管理能力、工作中的穩定表現、意志的堅韌性、壓力狀態下的處事靈活性、不同場景下的行為一致性等等，這些或多或少都跟情緒穩定性有關。這也是為什麼公司在招聘時，更傾向招情緒穩定性強的人。

一般而言，情緒穩定性差、頻繁衝動且經受不住壓力的人，很難在競爭激烈的職場中脫穎而出。因為這種人很容易鑽牛角尖，任何威脅、挫折或失敗都會讓他坐立不安，甚至有時會喜怒無常。總而言之，嚴重的神經質和高度的情緒不穩定性，會讓他難以處理日常挑戰，較難與人合作。

著名學者林語堂有一句話，他說：「一個沒有多餘情緒的人，會給人帶來安全感，因為他不傷人，也不自傷；不製造麻煩，也不麻煩別人。」那麼，如何才能獲得這種能力，讓自己的情緒變得更穩定呢？

心理學小科普

林語堂雖然是一位作家，但他有很多有哲理的語錄都跟情緒管理有關。一九二四年，三十歲的林語堂更把humor這個英文單字翻譯成「幽默」，讓華人世界開始認識幽默這樣的西方概念。而他不僅把幽默這個字彙帶入中文，在文學創作與生活態度上也都展現了十足的幽默感。在《北一女青春·儀》這本書中記錄了一段林語堂讓人印象深刻的發言，那時他受邀參加活動，但前面的人發言過於冗長，輪到他時已經不早了，他就瀟灑的說了句：「紳士的講演，應當是像女人的裙子，越短越好。」台下先是一陣鴉雀無聲，後來大家都覺得這實在太幽默了，當時還上了新聞媒體的報導。推薦大家可以去找林語堂的書來讀，對於如何面對情緒也會有所啟發。

分散注意力

第一個方法是，在情緒火山爆發前，分散注意力。

發洩情緒是人的一種本能，出現情緒波動在所難免。當你感到情緒激動，快要爆炸時，試著分散注意力，避免再火上澆油。注意！我說的是分散注意力，並不是逃避。分散注意力的目的，是避免你被負面情緒裹挾，傷人傷己。先緩一緩，等到合適時機再來處理負面情緒。

當然，不同的人，分散注意力的方法不同。有的人選擇打遊戲、看電影，有的人可能飽餐一頓就能放鬆心情。清代作家李漁在文章中說他排解情緒的方法是寫字，「予無他癖，唯有著書。憂藉以消，怒藉以釋」，意思是他沒其他愛好，就喜歡寫點東西，用來化解憂愁，釋放憤怒。

我自己平時遇到煩心的小事情，通常會聽五月天《後青春期的詩》這張音樂專輯。這張專輯我聽了很多年，非常喜歡歌曲的旋律，聽的時候很容易投入進去，也會暫時忘卻煩心的事。

但如果碰到的事情比較棘手，我轉移注意力的方式是做一件費時費力，稍微複雜一點的事，比如做一個高難度的甜點。做的時候，只專注在具體的步驟，不去想其他事情，做完之後又可以吃到好吃的甜點，一舉兩得，非常療癒。

解套五步法

在情緒爆發前，有效分散注意力，能夠抑制情緒火山的噴發。但問題是，情緒依然還在，平復心情之後，還要再來處理這種負面情緒。至於具體如何處理，這就要說到第二個方法——解套五步法。

大家都知道，開車只要看前面儀表板，就能知道車子的運行狀況，然後決定是否再加速。這種一目了然的方式，能夠幫助我們做決策。同樣的道理，假如我們能夠把模糊不清的情緒也儀表化，那是不是就能走出情緒的圈套，找到解脫之路呢？基於這點，我總結了「解套五步法」，透過自我提問和反思的方式，教你在梳理的過程中，將情緒可視化。接著請拿出一張紙，按步驟自問自答，跟我一起來梳理自己的情緒：

第一步是What→**我怎麼了，我感覺如何，我在什麼情緒當中，強度如何？**

範例：【我現在的情緒是焦慮，坐立不安，心神不寧，可以打8分。除此之外，還有點擔心。**】**（目的是弄清楚你處在什麼情緒當中，叫出它的名字。）

第二步是Why→**為什麼我會有這種情緒，背後發生了什麼事才讓我這樣呢？**

範例：【我正在趕一份專案報告，但這幾天瑣事比較多，遲遲沒有動筆，距離截止時間還有兩天，感覺很難完成。】（從情緒本身去追溯背後的資訊，找出引發情緒的原因。請盡量真實客觀的描述所發生的事情，不要夾雜情緒化的語言，單純陳述事實就好。）

第三步是Wish→**我最初的願望是什麼？我所期待達成的目標是什麼？**

範例：【我趕這份專案報告，原本是想讓主管看到我這段時間的成長和進步，能夠提高月底績效考核。】（通常沒有明確方向或是要達成的目標時，會特別容易感到焦慮。因此，擬定一個你所希望達成的目標，不僅讓你有一個可以努力的方向，也能降低焦慮感。）

第四步是How→**為了達到這個目標，我能怎麼做，我的下一步行動是什麼？**

範例：【我想自己是因拖延才會焦慮，原因出在時間管理，應該好好規劃時間，利用這兩天思考如何提高效率，或許向主管請教，參考過去的專案報告，又快又好的完成目標。】（這是整個梳理過程中的關鍵，促進你從處理情緒到解決問題的重要一步，從「我該怎麼辦」轉向「我該怎麼做」。只要行動，就有擺脫困擾情緒的可能性。）

第五步是Outcome→最後我按計畫行動的結果如何？

範例：【因為我有優化自己的作業流程，所以得到還不錯的成果。】（按照計畫行動之後，接著要進行覆盤，寫下最後的結果，對最後結果進行總結。或許你並沒有圓滿完成，但這個總結依然有效，它能幫助你形成一種理性對待情緒的習慣，有助於下次成功達成目標。）

以上就是「解套五步法」，為了方便記憶，我稱它為3W2O法則。

當你按照這個方法堅持一段時間之後，你將對容易引發你情緒的事情越來越清晰，也會越來越能掌控自己的情緒。

課・後・總・整・理

所謂情緒穩定，首先是內心對未來的篤定，不急躁，不盲目。其次是對生活的把控，明白什麼是可以改變的，然後盡自己所能去改變它。一個成熟的人，是懂得如何化解自己的情緒，既不傷及自身，也不牽連他人。這本書談的是與我們每個人都息息相關的五種焦慮，層層化解五種焦慮的過程，就像啟動一個靜止的飛輪。飛輪內部是與自我相關的情緒焦慮、選擇焦慮、成長焦慮，統稱為「內部焦慮」；依次向外是與外部相關的職業焦慮和關係焦慮，稱之為「外部焦慮」。先安內才能攘外，將情緒焦慮放在第一個部分，是因為它是內部焦慮的核心。也就是說，你只有處理好自己的情緒，與自己和平相處，才有可能處理好外部關係。

思考題

你是一個情緒穩定的人嗎？如果是，怎麼樣的事情會讓你有大的情緒波動？如果不是，你覺得自己為什麼情緒會不穩定呢？

PART

2

選擇焦慮

人們會因為選擇太少，而感到焦慮；
諷刺的是，選項太多，也會讓我們很焦慮。
我們總是擔心自己做了不好的選擇，
如果自己可以理性一點，多考慮一點，
或許就不會後悔了。
但是，會不會真正的關鍵其實在於，
你怎麼看待選擇的後果，而不是選擇本身呢？

Lesson

7

如何在複雜體系中做出最佳選擇？

說起選擇，小到早上起來穿什麼衣服，大到跟誰結婚過日子，有數據顯示，我們一天差不多要做七十多次大大小小的選擇。

尤其現在資訊發達，我們突然進入一個選擇種類激增的年代，買一杯咖啡，店員會問你要美式、拿鐵還是卡布奇諾？買一條裙子，問你要長裙、短裙、高腰的還是低腰的？去買股票基金，種類更是多不勝數。

到底該選哪個？哪一個才是最佳選擇？這些問題都是焦慮的來源。

通常情況下，我們生活中所遇到的選擇，有大有小，有簡單和複雜之分。比如，喝哪種口味的奶茶，用哪個牌子的化妝品，這種選擇都很好做，根據個人偏好或產品品質，很快就能做出決定。

但如果涉及到選專業科系，去哪家公司，跟誰結婚，要不要買房買車，是回家鄉還是留在大城市，面對這種人生大事，就很難下決定。因為這些複雜問題有很多選項，而且每個選項都不是一下就能比較出優勢劣勢，需要反覆思考。那該怎麼辦呢？

綜合心理學和組織行為學方面的專業研究，建議你試試「決策三步走」這個方法：第一步是減少選項，也就是去掉無關緊要的，留下重要選項；第二步是仔細比較重要選項的優劣，然後做出決定；最後一步是管理預期，先對你所做的決定有一個心理上的準備。

決策三步走❶：減少選項

當你面臨的選項太多，無從下手時，你可以先做刪減，透過查找資料、請教專業人士等方法，去掉那些無關緊要的選項。

心理學家曾做過一個實驗，他們在超市擺設果醬攤位，並為消費者提供購買果醬的折價券。第一種情況是，擺放了24種不同口味的果醬；第二種情況，只擺放6種不同口味的果醬。結果發現，當面前有24種果醬時，消費者看多買少，只有3％的人買了果醬；而攤位上只擺6種果醬的時候，有30%的消費者購買。為什麼減少果醬的種類後，銷量反而增加十倍呢？

心理學小科普

這個知名的果醬實驗（Jam Experiment）是由美國哥倫比亞大學的席娜．伊延加（Sheena S. Iyengar）以及史丹佛大學的馬克．萊伯（Mark R. Lepper）所執行的。雖然研究發現，選擇越多，最終反而對於消費行為是有害的，卻也發現，當選擇比較多時，其實會吸引比較多的消費者。在這個有曝光就有消費的年代，或許選擇多不一定就一定不好。就像宜家家居（IKEA），不少產品都會推出很多種不同的顏色，「熱情先決」網站作者徐仲威認為，貨架上擺放同樣式但顏色不同的產品，會比較討人喜歡，因而比較會進行消費。也就是說，人類決策的行為，真的是非常複雜，在不同的情境、目的下，人們都會做出不一樣的選擇。

其實很好理解，選項太多，人們反而會不知道如何選擇。心理學有個理論叫「選擇的癱瘓（choice overload）」，意思是說，如果你有更多選項，你會給自己施加更大的壓力去做最優選擇。即便你的選擇結果還不錯，你還是會覺得會有更好的選項。如果選擇不夠完美，失望的感覺也會更嚴重。所以，選擇太多，人們會更容易陷入困境。

那麼我們要怎樣減少選項呢？其實只要花一點時間和精力，找讓自己信服的專業人士，聽聽他們的建議，然後再做刪減。

比如你是一位產品經理，最近想換工作，有五家目標公司，你不太確定哪一家更適合自己，就可以找一至兩位資深產品經理，請他們給你一些參考意見。因為他們在這個領域工作多年，對整個行業更加了解，會針對你的選項做出分析和建議，最起碼能幫你去掉次選項，留下可待分析的觀察項。像我以前申請博士時就有請教過學長，詢問我列的導師申請名單中，哪些教授不僅學養好且人比較好說話，就優先向這些教授表達自己有意願想要當他們的學生，當時幾個學長給我的建議對我幫助很大。

決策三步走❷：分析選項並做出選擇

在分析選項時，你既要看每一個選項的優勢所在，也要站在對立面想想它的缺點是什麼。

就拿很多人面臨的回家鄉還是留在大城市這個兩難的選擇來說，留在大城市，意味著生活壓力大，一遇到漲房租或工作上不順利，你就會想念老家的舒適安逸。但如果真要你收拾行囊回家去，你可能又捨不得大城市的工作機會和便利生活了。每一個選擇都像是硬幣的兩面，有利有弊，只有列下正反兩面，羅列利弊得失，才可以更加理性的看待這個選項。

穿梭時空，預見三個未來的你

除了列對立面，你還可以用蘇西・威爾許（Suzy Welch）提出的「10－10－10法則」，讓自己站在更長的時間尺度上，去看自己面臨的每一個選項。這三個10分別代表：

10分鐘之後，你會做何感想？

10個月之後，你怎麼看待今天的選擇？

10年之後呢，你又會做何感想？

我曾經和一位朋友聊天，她當時二十七歲，單身，正糾結自己是應該聽爸媽的話回老家當教師，還是留在北京繼續北漂。當時我就問她：

「如果妳回老家，10分鐘之後，10個月之後，10年之後，妳會怎麼看這個決定？」

她思考了一會兒說：「10分鐘之後我有點不甘心，因為要把原來辛辛苦苦積累的一切都放棄掉了。10個月之後，我有點害怕，怕自己過的是一眼看到頭的生活。10年之後，可能就是平平凡凡過個安穩的小日子。」

如此分析下來，當時的她內心深處還是渴望留在大城市。這就是站在遠處看選項的好處。**遠距離思考問題的時候，能夠更加理性地做出符合內心聲音的判斷。**

那麼，分析完每個選項之後，是否就可以做出一個最佳選擇呢？

其實好不好都是相對的，最關鍵的是，它符不符合你的價值觀。

所謂價值觀，就是你設定的「優先順序」，也就是你認為什麼重要，什麼不重要。比如你認為事業的成功對你最重要，還是家庭幸福對你最重要？是留在大城市還是回家鄉？是單身好還是結婚更好？這些問題都沒有正確答案，完全是個人的選擇。

理性分析之後，在最後決策的關鍵時刻，還是要尊重你內心的聲音，讓它來指導你做出選擇。

也就是說，當你內心告訴你，你還是希望留在大城市奮鬥，哪怕辛苦也不想回家過安逸的生活，這時繼續奮鬥就是你的優先順序，不要因為其他人的聲音隨大流，改變你的價值觀。只有這樣，你才不會後悔。

決策三步走❸：預期管理

我們在做決策時，很容易只考慮到當下的狀況，而沒有考慮到未來可能的狀況，也就是說，我們是在忽略最終結果好壞的狀況下，做了決定。

我在申請博士的時候，就犯了這樣的錯誤。當時我下定決心要去做情緒研究，向好幾位有名的情緒研究學者表達我有意願想要跟隨他們做研究。反覆比較之後，答應了一位英國學校的教授，成為她門下的博士生。正當我決定要去這所學校時，又收到英國約克大學教授艾倫・巴德利（Alan Baddeley）的回信，他說願意收我做學生。巴德利教授是提出工作記憶模型的心理學家之一，也是常在百大心理學家排行中名列前茅的心理學大師。我實在難以拒絕，不管是從學校排名還是導師的知名度來說，這好像都是一個最優選擇。可是，我沒有想過，這兩位教授未來是否會有不同的發展，以及他們的發展對於我又有怎麼樣的影響。

最終我選擇了巴德利教授，跟著他做記憶方面的研究。不過，就在我去了約克大學不久之後，我才知道，原本我想要追隨那位教授，竟然去了牛津大學任教。事後我心裡也會想，如果當時我選擇了這位教授，或許我的畢業證書就是牛津大學的博士學位了呢。

你看，人就是這樣，選擇了一個，會覺得自己錯過了另外一個。特別是發現如果選擇另外一個，結果更好時，難免會覺得有些遺憾。**而預期管理就是降低決策後的焦慮和遺憾，對可能發生的不好的結果有個心理準備。**

世界一流的組織行為學家希思兄弟（Chip Heath & Dan Heath）在其著作《零偏見決斷法：如何擊退阻礙工作與生活的四大惡棍，用好決策扭轉人生》（*Decisive: How to Make Better Choices in Life and Work*）中，提出了一個WRAP決策法，用來協助人們做決策判斷。

在這個方法中的最後一個P，是Prepare to be wrong（要做好會犯錯的準備），就是在說人們往往都認為自己的決策是對的，一定不會犯錯，因此在決策判斷的時候，不會幫自己留條後路。但是，他們建議我們總是要幫自己留條後路，因為你的決策有可能是錯的。

舉例來說，有個年輕人覺得自己目前的工作很無聊，想要轉行當程式設計師，他內心雖然做了這個決定，但也明白貿然轉行代價很大，而且自己零基礎，根本找不到程式設計師的工作。這時候他就可以用希思兄弟提出來的方法，在穩住目前工作的前提下，去報名程式語言相關課程，有一定基礎之後，再接一些免費或者收費的專案練習，提高自己的專業能力。這樣他既可以驗證自己是不是真的要轉行，同時也能慢慢實現轉行當程式設計師的可能性。

課・後・總・整・理

在生活中我們有太多事情需要做選擇，而且每個可能都有非常多選項。與其每次都花很多時間在糾結、懊悔，我們更應該練習怎麼高效做出選擇，還有更重要的是，要接受你所做出的選擇。很多時候，所謂最佳的選擇，就是你內心願意接受的選擇。

思考題

在你目前的人生過程中，有哪個選擇是最困難的？你最後是怎麼做選擇的呢？

Lesson

8

如何在不確定性中練就決斷力？

有一次我在搭捷運時，旁邊一個年輕人在打電話，由於他的聲音比較大，又很著急，以至於我想不去聽都很難。

「你說我到底換還是不換？換嘛，離家太遠了，每個月都要出差，我女朋友一定不會同意。不換嘛，現在的工作太沒勁了，我都快待廢了。而且我都要三十歲了，再不拚一回，以後就更不可能了。你快給我出出主意啊，我都糾結一個多月了……」他在電話裡不斷跟對方說自己有多糾結，不知道該不該換工作。

聽完，我想起了一個有趣的思想實驗——布里丹之驢。有一頭小毛驢，又餓又渴，在牠左右兩邊分別放著一堆乾草和一桶水，距離相等。驢子站在中間猶豫不決，一下看左邊，一下看右邊，無法決定應該先吃草，還是先喝水。牠就這樣搖擺不定，左右猶豫。最後的結果是，這頭驢在饑渴中死去。這個思想實驗來自法國中世紀一位哲學家約翰．布里丹（John Buridan），所以被稱為「布里丹之驢」。後來人們就把在決策中猶豫不決的現象，稱為「布里丹效應」（Buridan's Ass）。

心理學小科普

布里丹之驢實驗的情境，看起來有點荒謬，因為肚子餓的時候，早已飢不擇食，怎麼可能還會猶豫不決。現實生活中，或許我們面對的不是兩堆一樣的草料，而是兩種截然不同的選擇，像是一間百年老店到底要堅持傳統口味，還是要與時俱進，研發新口味，就不是那麼容易的決定。就像柯達（Kodak），雖然是第一家開發出數位相機的公司，但因為放不下傳統的底片生意，結果落後其他公司，甚至在二〇一三年宣布破產。另外，瑞士諸多知名的手工錶品牌，基本上也正在經歷如履薄冰的過程，二〇二〇年，光是蘋果（Apple）的智慧手錶銷售量，就超過全瑞士的手錶銷售量。面對這樣的狀況，一些瑞士手錶品牌已經著手智慧化，推出有智慧功能的機械錶。但仍然有一些業者死守自己的傳統技術，處境岌岌可危，值得引以為鑒。

仔細想想，生活中有很多人在許多事情上都活得像布里丹之驢一樣，面對選擇缺乏決斷力。為什麼我們會舉棋不定，猶豫不決呢？有沒有什麼辦法可以讓我們更有決斷力？

在介紹方法之前，我想請大家想想，你真的所有決策都不果斷嗎？應該也不是。

想像一下，如果你人在麵包店，看到你很喜歡的麵包只剩下一個，你當時又有點餓，你會猶豫很久，還是會馬上把這個麵包夾到自己盤子裡呢？我想多數的人在這樣的情境下，都會果斷把這個麵包夾到自己的盤子。

也就是說，當我們在有需求且有選擇壓力的狀況下，我們也可以是很果斷的。如果布里丹的驢子只知道一邊有水，因為選擇有限，牠肯定不會渴死。而我前面提到那位猶豫要不要換工作的年輕人，如果他現在是處於沒工作，但又必須要繳付各種費用的狀況下，他肯定不會考慮那麼多，甚至有可能接受最先拿到的工作邀約。

搞清楚你最需要的是什麼

很多時候，我們之所以會猶豫不決，根本的原因是我們其實沒有想清楚自己需要的是什麼。你以為你是不夠果斷，但追根究柢的關鍵，其實是因為你不知道自己要的是什麼。

我早上在健身房運動的時候，因為沒有太多節目的選擇，常會看旅遊生活頻道的婚紗節目。準新娘們大概可以分為幾種類型：第一種是很清楚知道自己要什麼樣的婚紗，而且對自己夠了解，通常很快就能在顧問的推薦下，找到自己想要的婚紗；第二種也很清楚自己想要什麼樣的婚紗，只是這些人其實不太了解自己，所以會走一些冤枉路，然後在顧問的推薦下，找到適合自己的婚紗；還有第三種準新娘，不知道自己想要哪種樣式的婚紗，看起來像是什麼都好，她們往往會試很多套婚紗，最後還是沒有辦法做決定。

所以關鍵就在於，釐清自己想要什麼，若你同時可以搞清楚自己不想要什麼，就可以讓自己更有機會果斷地做決策。現在有很多幫助人們做決策的系統，就是用各種做法協助人們確認自己想要的，以及不想要的，所以可以有效幫人做決定。

該如何營造選擇壓力？

雖然我們不喜歡在壓力下做決策，但是一些證據都顯示，當我們在有壓力的狀況下，我們往往能做出比較好的決策。

英國倫敦大學的塔莉・沙羅特（Tali Sharot）教授曾經做過一個研究，他們比較參與者在感受到威脅或是沒有威脅的狀態下，對於資訊整合的能力是否會受到影響。實驗中，研究人員告知其中一半的參與者，他們在實驗結束後要到隔壁的教室去公開演講（受到威脅），另一半則沒有被告知有這樣的安排（沒有受到威脅）。而在實驗的主要部分，參與者需要評比一些事件在他生活中發生的機率，例如被搶劫之類。在第一次預測之後，參與者會被告知在英國這類事件發生的機率，然後請他們再次評估這件事情會發生在他身上的機率。

結果研究發現，相較於沒被告知實驗結束要公開演講的另一半人，受到威脅組會比較願意依特定事件在英國發生的機率來調整自己的預測，而沒有受到威脅組則會低估不好的事情發生在自己身上的機率。這個研究結果就說明了，**在有壓力的狀況下，人們的決策反而是比較理性的**。

也有不少研究探討，人們在有時間限制的情況下，是否會做出比較好的決定，答案也是肯定的。有個研究就發現，在有時間壓力的情況下，人們會想辦法嘗試多個不同的解決方案，以確保自己可以找到最好的解決方案。

既然知道原因出在哪裡，那麼具體該怎麼做，才能練出決斷力，讓我們更容易做好決策判斷呢？下面有兩個方法，大家可以練習看看。

從屬性著手，設定理想選項

我們之所以覺得做決定很難，沒辦法果斷，是因為我們不擅長同時間評估一個人、事、物的多種屬性。就像要從五花八門的手機當中，選擇自己要買的是哪一支手機，就不是件容易的事情。

在決定要不要一支手機的時候，你可能會需要反覆端詳、比較。但是，如果你知道自己需要的是可摺疊的智慧型手機，那麼馬上就可以下判斷，這支手機有沒有可能是自己需要的手機。再來後面這個決定就比較簡單，因為你只需要針對一個屬性來做判斷。

當我們要果斷做決定時，可以把每一個選項針對不同的屬性做拆解，接著針對每個屬性，設定一個你的理想選項。然後，你只需要評估候選清單中，每個選項具備了幾個你喜歡的屬性，那個具備最多屬性的，就有可能是你的理想選項，你也就能夠果斷做出選擇。

如果你覺得要針對很多屬性做判斷有點複雜，你也可以減少需要做判斷的屬性，只保留那些有關鍵性影響的屬性。

像是在考慮租屋處時，你會有很多需要考慮的，但裡面總有幾個屬性是一定要具備的，例如要有電梯、要鄰近大眾運輸系統。你就應該只比較所有候選清單中，有哪些具備這些屬性，就能夠果斷做出判斷。

幫自己設定一些限制

除了從屬性著手，搞清楚自己真正的需求，前面我也提到，在有壓力的狀況下，我們比較能夠果斷做決定。所以，第二個方法就是「幫自己設定一些限制」，你可以用不同的方式來給自己壓力，不論是利用時間也好，或是設定比較嚴格的標準也好，都可以幫助自己果斷做決定。

比如你在求職的時候，如果沒有時間壓力，就很有可能會一直在等候更好的那個工作；或是當你預算很高時，你對於自己到底該租怎麼樣的房子，就會很容易猶豫不決，面對太多選擇，反而拿不定主意。

以租房子為例，預算越高，當然有機會租到條件越好的房子。但是，你如果多花一點錢租房子，就只剩下更少的錢能當生活費。所以，即使你租房的預算很高，也建議你要設定一個價格範圍區間，而不是只設定上限。因為，會有一些便宜、條件差的選項，增加你做決定的困擾，也會讓你無法果斷。

另外再舉個朋友的例子。有一次，一位在中研院工作的朋友就打趣的說：「我在這邊工作最大的好處，就是在決定中餐要吃什麼的時候，不用太耗費心神，因為選項很少。」雖然有點哀傷，但我還是鼓勵他，這樣他就有更多的時間可以去做其他的事情，中研院院方真是用心良苦。

你想想看，在外送服務開始流行之前，你每天要決定吃什麼，是不是相對簡單很多。關鍵就在於，以前你的選項是受限的，而現在外送平台上有太多可能的選項了，做決定就很難果斷。

我有一回看學生用外送平台訂餐，就嘲諷的說：「你們的認知資源，都被這些平台占據了，真是太傻了。」

「老師啊！我們沒有錢，所以選項也沒想像中的多，老師您多慮了。」結果學生這麼回我。

雖然聽了有點不服氣，不過我某種程度是替他們感到高興的，因為他們在有限制的情境下，可以果斷做選擇，不需要浪費太多時間在這種不太重要的事情上。

課・後・總・整・理

魚與熊掌不可兼得，使得我們常會陷入布里丹之驢的困境，所以徘徊不前，缺乏決斷力。其實不果斷的原因很單純，一個就是我們根本還不知道自己想要什麼，另一個就是我們沒有必要快速做出選擇。

如果你想要讓自己更果斷，可以練習從屬性著手，判斷一個選項具備了幾個自己看重的屬性。另外，在做選擇的時候幫自己設置一些限制，也能讓你更果斷做出判斷。善用這兩個方法，你或許會發現，雖然你只買得起魚，可是你也只想要魚，不想要熊掌。

最後，期勉大家不要做那隻被餓死的布里丹之驢，找到機會就多做練習，在不確定性中鍛煉你的決斷力。

思考題

請回憶你所經歷的人和事中，有沒有與決斷力相關的？你當時又是如何做決斷？

Lesson 9

如何讓自己想到又做到？

生活中你是否有過這樣的情況？

看著自己走樣的身材，多次下定決心要減重，但每次路過蛋糕店，卻總是忍不住買一塊；給自己定了每月讀幾本書的計畫，一有空閒時間，還是忍不住刷手機玩遊戲；老是跟自己說要早睡早起，隔天早上鬧鐘響了八遍，你還是摁下暫停鍵，繼續倒頭大睡……。

為什麼你無論下了多少次決心，最後都是草草收尾？你的意志力真的那麼差嗎？為什麼有些人就能那麼自律呢？怎樣才能讓自己從一個計畫者變成實踐者？這堂課我們就來談談自控力這件事。

開始之前，先講一個兩千年前古希臘神話美狄亞的故事。美狄亞是科奇斯島一位會施法術的公主，她對來到島上尋找金羊毛的伊阿宋王子一見鍾情，於是幫助伊阿宋找到金羊毛並和他一起離開。美狄亞的父親聽到消息後，派人去追她。在面對情人的愛和父親的責任之間，美狄亞左右為難。明知父親對自己的良苦用心，卻還是背叛整個家族，與情人遠走高飛。她痛苦的說：「我感到一股神奇的力量在牽引著我向前走，情慾和理性把我拉向不同的方向。我很清楚哪一條是正確的路，心裡也很認同，但我卻踏上了錯誤的路。」故事的最後是她被情人拋棄，走上了復仇之路。

美狄亞所說的這股神奇力量，就是欲望和理智之爭。這就如同眼看著工作任務的截止時間快到了，還是打開了遊戲。明明清楚哪一個選擇是正確的，但還是會選擇錯誤的行為。這到底是為什麼呢？

你的騎象人累了嗎？

對於這個問題，社會心理學家強納森．海德（Jonathan Haidt）在《象與騎象人》（*The Happiness Hypothesis*）這本書裡面給出了答案。他說：「我們可能無法完全控制自己的行為。我們的內心並沒有一個能夠決定自己行為的『最高決策者』，相反的，我們的心理是被分成多部分的，每個部分都有自己的主意，甚至有時候各個部分間的意見還彼此衝突。」為此，他做了一個奇妙的比喻，把本能、情緒、直覺等部分比喻成一頭桀驁不馴的大象，理性、思考等部分則比喻成一個瘦小理智的騎象人。

大象渴望及時行樂，為了眼前的利益可以放棄長遠的好處，比如明知自己在追求苗條的身材，還是抵不住抹茶冰淇淋的誘惑；而騎象人希望大象能夠深謀遠慮，未雨綢繆，為了將來的目標，克制當下的欲望。騎象人騎在大象背上，好像是在指揮大象，但事實上，騎象人的力量無法完全控制大象的行為。就像美狄亞所發出的感嘆：「我的騎象人理性地告訴我，哪條路是對的，但我內心的大象卻把我帶向了錯誤的方向。」這就是為什麼我們總是在欲望與理智之間徘徊，也能回答為什麼我們的計畫總是落空了。因為制定計畫的是理智（騎象人），但執行計畫的時候總是會受到情感（大象）的影響。

或許你可能會說，即使受到情感（也就是大象）的影響，我們不是還有意志力嗎，發揮意志力的力量，騎象人不就能夠控制住大象了嗎？很遺憾的是，人的意志力是有限的。

心理學小科普

強納森・海德是美國著名的社會心理學家，他以道德感相關的研究著稱，最重要的貢獻之一是提出社會直覺模式（social intuitionism model），他認為人的道德行為，往往是直覺的，而非理性推論後的產物，而且社會文化對直覺的運作影響甚鉅。他其中一篇相關的著作《*The emotional dog and its rational tail*》（感性的狗及其理性的尾巴）已經被引用了接近一萬次，是非常卓越的成就。海德教授也把社會直覺模式套用在人的其他行為上，這一節提到的《象與騎象人》就是其中一個應用。他的另一本著作《好人總是自以為是：政治與宗教如何將我們四分五裂》（*The Righteous Mind*）則是讓大家看到社會、文化對一個人道德行為的影響。

一九九八年，佛羅里達大學的羅伊・鮑麥斯特（Roy Baumeister）教授曾做過一個實驗：他們把兩組餓了三小時的學生帶到同一間屋子，屋內放了兩種食物，一種是香氣撲鼻剛出爐的巧克力餅乾，另一種是乾巴巴的蘿蔔。很顯然，兩種食物放在一起，巧克力餅乾的誘惑力更大。實驗人員把食物分配給兩組學生，一組領到的是餅乾，另一組領到乾蘿蔔。然後實驗人員離開了房間。

雖然分到乾蘿蔔的學生並沒有在無人監管的情況下偷吃巧克力餅乾，但他們在抵制巧克力餅乾的時候已經消耗一部分意志力。當兩隊學生吃完，實驗人員重新回到屋內，給兩組學生出了一道無解的問題，想看看他們會花多長時間去解這道題。最後的實驗結果很驚人：吃了巧克力餅乾的同學平均堅持了19分鐘，而克制食慾的同學平均只堅持了8分鐘。

這個實驗告訴大家的是，人的意志力是有限的。從計畫到實踐有很大的鴻溝，你不可能讓理智無時無刻控制情感，也就是說，騎象人控制大象久了是會累的。

既然我們已經知道從計畫到實踐有很大的鴻溝，而且人的意志力是有限的，那麼要如何提高自控力，讓目標落到實處呢？

向外求助

第一個方法是向外求助，藉助工具和外部力量提升自控力。

平常為了能夠準時起床，我們很習慣會在前一天晚上設鬧鐘。我的一個國外朋友曾跟我分享過一款很有趣的落跑鬧鐘（clocky），說它簡直就是懶蟲剋星。因為這款鬧鐘長了「腳」，能夠在你賴床時跑得遠遠的，並且將自己藏起來。想像一下，你設好了第二天七點的鬧鐘，鬧鐘響了之後，還沒等你摁下，就突然在房間裡大叫，滿屋子亂跑。要想讓這討厭的傢伙停下來，你必須下床四處找它。經過這番折騰，你想不清醒都不可能。所以，善用工具能夠幫你達成目標。

除此之外，你還可以透過他人的監督來提升自控力。現在很夯的訓練營正是利用這一點。比如你參加一個減重訓練營，繳了很高的費用，不參加會肉疼，再加上有很多同學在群組裡打卡，展示他們的減重成果，不斷給你刺激。在這種外界的推力下，你也就更容易堅持下去。

向內求助

當然，向外求助只是一種推動力，最重要的還是要靠自己。所以，第二種方法就是向內求助，用執行意圖來代替目標意圖。

而執行意圖和目標意圖是什麼意思呢？

所謂目標意圖，簡單來說就是「我要怎樣怎樣」，很像我們每年的新年目標，比如：「我要升職」、「我要加薪」、「我要瘦成一道閃電」等等。遺憾的是，目標意圖很容易讓計畫落空。

相對應的，執行意圖是思考你會在哪些時間、地點，或者哪些條件下，做哪些能推進目標達成的事情，然後用「如果……那麼……」（if……then……）的方式，把觸發條件和採取的策略聯繫起來。

舉例來說，你給自己定的目標是保持運動，保持運動是你的大目標，然後你進一步拆解自己的目標，給自己定的小目標是，每天走路一萬步。但是當你把它列在日程表上，時間一長，你會發現自己總是三天打魚兩天晒網，堅持不下來。

如果你使用執行意圖，把條件和目標相結合會怎樣呢？比如你發現，要想保持日行一萬步，下班搭公車回家，提早兩站下車走回去，剛好能完成一萬步的目標。在使用執行意圖時，你就可以跟自己說：「**如果**下班搭公車回家，**那麼**我就提早兩站下車走回去。」這句話中「下班搭公車回家」就是觸發條件，「提早兩站下車走回去」就是策略，只要搭公車回家這個情境出現，就會觸發你的動作，也就是提早兩站下車走路回家。如此一來，目標會更容易完成。

執行意圖最早是美國紐約大學動機心理學家彼得．戈維哲（Peter Gollwitzer）在一九九九年提出的，他的妻子歐廷珍（Gabriele Oettingen）也是一位心理學家，曾在她的著作《正向思考不是你想的那樣》（*Rethinking Positive Thinking*）中，介紹如何使用執行意圖的工具——「WOOP」。

W/O/O/P，是四個英文單字的首字母縮寫，由「願望（Wish）」、「結果（Outcome）」、「障礙（Obstacle）」和「計畫（Plan）」組成，其操作方式如下：

❶寫下一個你想實現的願望，並且設定好時間。

❷想像一下，實現願望之後最美好的景象，越清晰越好，然後寫下來。

❸接著再想像為了實現目標，可能會遇到哪些困難，把清單列出來，並且描述得越具體越好。

❹最後使用「如果……那麼……」的方式，一一應對前面所列出的障礙。

假設你想要「在半年內減重10公斤」（**願望**），就先想像未來成功瘦身後，妳「變得身材苗條，有馬甲線，穿上晚禮服，在活動中回頭率超高，最後找到一位心儀的白馬王子」（**結果**）；再來想像減重過程中可能會碰到的阻礙，「看到甜食會忍不住、遇到飯局推不開、該去跑步的時候會犯懶，只想追劇玩遊戲……」（**障礙**）；最後預想列出應對措施跨越障礙，「如果看到甜食會忍不住，那麼家裡就不買高熱量的零食；如果碰到有飯局，那麼我就只點一份沙拉；如果想追劇，那麼跑完半小時就允許自己看一集；如果外面下雨沒跑成步，那麼就在家做半小時有氧體操……」（**計畫**）。

當你在執行計畫的過程中，遇到之前沒有預料到的狀況，你也可以隨時增補「如果……那麼……」清單，最後達成你的目標。

✎「WOOP」思考卡（範例）

W：願望（Wish）

在半年內減重 10 公斤

O：結果（Outcome）

變得身材苗條，有馬甲線，穿上晚禮服，在活動中回頭率超高……

O：障礙（Obstacle）

看到甜食會忍不住，遇到飯局推不開……

P：計畫（Plan）

1. 如果看到甜食忍不住，那麼家裡就不買高熱量的零食
2. 如果碰到有飯局，那麼我就只點一份沙拉

……

課・後・總・整・理

我們每個人都有惰性，會偷懶，會忍不住誘惑，所以騎象人會一次次敗下陣來。但好在我們可以選擇改變自己，行動起來，讓計畫成真，夢想成為現實。不管是向外求助，還是向內求助，只要你堅持不懈，哪怕一小步，都離最後的成功又前進了一步。就像國外一句有名的諺語所說的，Incremental change is better than ambitious failure. 翻譯過來就是「逐步的改善，好過雄心勃勃的失敗」。

思考題

從現在開始，想想你有什麼目標沒有完成，使用WOOP這個工具，制定你接下來的行動計畫。

Lesson

10

感到迷茫沮喪時，應該怎麼辦？

提起迷茫，或許這個詞，你一點也不陌生。

在十幾歲求學階段中，感到迷茫，不知道辛苦學習為了什麼；到了二十幾歲踏入社會工作，還是會感到迷茫，不明白自己到底喜歡和擅長什麼。

本以為邁向三十歲逐漸成熟了，可以從此告別迷茫，遺憾的是並沒有。

為什麼在人生的各個階段，我們總是會感到迷茫？

怎麼做才能不迷茫呢？

從心理學的角度來看，迷茫是一種困惑心理，是對不確定性的反應。具體來說，就是不知道自己真正想要的是什麼，不知道自己在面對選擇時，應該怎麼做決定才是正確的。

那為什麼會有這種困惑心理呢？

其實導致我們迷茫的原因有很多，比如擔心社會變化太快，自己跟不上，或者內心自卑，對自己缺乏信心……等等。歸根究柢，最根本原因在於自我認識的不足，無法正確估量自身的能力，對自己和外界有雙重不確定性，因而內心產生了大量的不安與困擾。

比如，你有一份體制內的穩定工作，但你根本不喜歡，也不知道自己到底想要什麼，只是得過且過，過一天算一天。朋友建議你業餘時間嘗試做點別的事情，像是開個自媒體帳號，做做直播。雖然你也想試試看，斜槓一下，但又懷疑自己能不能做好，遲遲沒有開展。如果做個比喻，迷茫當中的我們，就如同一塊三明治，一面是你對自己的不確定性，另外一面是你對外界的不確定性。深處其中，空虛而沒有力量。

從根本上而言，這種迷茫的狀態會伴隨我們一生，只是各個階段有不同形式、不同種類的迷茫。這堂課我想特別說一下青壯年的迷茫。我做心理學科普近十年中，收到很多來信，其中「迷茫」是熱門的主題之一。尤其是三十歲左右的青壯前段班，他們在一個行業中已經工作了幾年，開始有了職業倦怠感，不喜歡自己當下的狀態，但又不知道離開現在的工作崗位能做什麼。

既然我們已經知道迷茫產生的原因，那麼應該如何應對迷茫呢？下面要介紹的是一個策略和兩個思維工具，如果你也正處於迷茫中，不妨試試看？

一個策略：眼高手低

我們已經知道，迷茫是源自於對自己和外界的雙重不確定性。而要應對這種不確定性，我給你的第一個策略叫做「眼高手低」。

先來看為什麼要「手低」。

當我們感到迷茫的時候，你最大的感受應該是生活很無趣，沒有前途，看不到希望的曙光，對吧？所以你就要先給自己定個目標，找個事情做。人一旦失去目標，不知道自己要什麼，就容易陷入虛無當中。而給自己設立目標，就像前方有了一個紅色的靶心，讓你收心聚焦到眼前的事情上，並且為之努力。

當然，這個目標不要過於遙遠，或者過於龐大，最好能夠清晰具體，是你能力範圍之內可以達成的。這就是我要說的「手低」。也就是說，著眼自己當下能夠達成的事情。比如：你給自己定的目標是【今年能夠比去年多賺十萬塊】。

而有了這個目標之後，你需要把目標做拆分。比如：【開闢第二職業，業餘時間跟朋友一起做做副業；或者是爭取今年加薪20％，年終獎金能夠翻一倍……等等】。把長期目標拆分成可實現的短期目標後，你才能對自己更加有信心，慢慢也會對自己的生活擁有掌控感。密西根州立大學的一項心理學研究發現，當一個人覺得自己有能力掌控自己的生活節奏時，會產生強烈的自信心，這在一定程度上可以削弱迷茫和消極的感受。

感到迷茫的第一步是先給自己設立目標，讓自己行動起來。可是也有人會說：「我給自己定了目標，也一步步去做了，但總是感覺比別人慢一步，還是會迷茫。」這時，你需要做的是提高自己應對外界變化的能力，對未來的趨勢有一定的了解。這就是我要說的「眼高」。所謂眼高，就是不僅僅解決眼下的問題，還需要把眼光放得長遠一些，對自己所在的領域有更加深入的研究。

受人工智慧的影響，未來哪些職業會被AI幹掉，哪些職業又會吊打AI，你所在的行業未來會不會被AI取代，你需要提前了解並有所準備。麥肯錫報告研究顯示，需要同理心、洞察力、表達能力的社交智慧型工作，例如：教師、心理諮商師、護理師、月嫂等，AI無能為力；而需要創造力、審美能力的創造型工作，例如：作家、設計師、導演、畫家等，未來會越來越吃香。至於那些簡單枯燥、重複性的工作，例如流水線作業員、銀行職員、電話推銷員等，就很容易會被AI取代。所以，你在認真從事本職工作的同時，還必須要了解和掌握行業趨勢，提前做好準備，這樣才能掌握自己的職場命運。

總結來說，「眼高手低」就是放眼未來，立足當下，進而增加對自己和外界的掌控能力。

兩個思維工具

介紹完一個策略之後，我們再來看看可以用哪兩種思維工具對應迷茫。

麻省理工學院哲學系教授齊鄂朗・塞提亞（Kieran Setiya）在一篇文章中曾提到，因為未來人生的可能性變少，過去的選擇無法改變，以及當前工作內容的不斷重複，很多中年人感覺到危機。「過去不可逆，未來不可追」，這和我前面提到青壯年迷茫的表現是一致的。為此，塞提亞提供了兩個思維工具。

#第一個思維工具叫做「與選擇帶來的機會損失和解」

這裡的關鍵詞是「機會損失」，指的是你選擇做了一件事，沒去做另一件事，而造成的損失。

不久之前，我帶我家老二去商場，答應給他買一個小玩具。他在兒童玩具區域挑了半天，無法決定要買小汽車，還是變形金剛、樂高，或者是電動遙控車。

「爸爸，我都想要。」他跟我說。

「不行，只能選一個。」我笑著提醒他。

老二猶豫半天，最後選擇了變形金剛。

我帶著他去買單，結完賬走出商場的時候，他抬頭看見櫥窗上有一個火箭模型，比他的變形金剛更酷，就跟我說：

「爸爸，我選錯了，我不想要變形金剛了，我要火箭。」

我看出了老二臉上的失落，就跟他說：「是的，我知道你更喜歡那個小火箭，可是變形金剛買了之後退不了，而且我們約定好今天只能買一個，如果你想要火箭，要等下次。」

他明白我說的話，沒有堅持一定要買，但直到進了家門，他都沮喪著臉，連剛買的玩具也沒心思玩了。

小孩子的這種心情，其實我們都經歷過。百般糾結做出了選擇，結果發現自己選錯了，是你自己做的決定，後悔也只能默默接受。看著老二那麼失落，我也動過破例給他再買一個火箭的念頭。但後來我想，讓七歲的他學會為自己的決定負責，嘗嘗後悔的滋味，知道選擇的重量和承擔後果的必要，比讓他開心更加重要。

我們成年人也一樣，雖然會為以往的選擇感到遺憾，但也要學著看開一些。因為就算你選錯，人生也不會因此毀了。

就像人稱「中國經營之神」的褚時健，他的一生歷經幾番沉浮，從中國菸草大王到淪為階下囚，然後在七十四歲那年開始種柳丁，以十年時間又成為家喻戶曉的中國橙王。從他傳奇的人生經歷，我們可以看出，與其追憶，不如往前看，將目光聚焦在腳下的路，好好欣賞路上的風景。

#第二個思維工具叫做「多做有存在性價值的事情」

當你與過去和解，回到眼前的現實中，如果還是覺得手上的工作很無聊，沒有意義，又該怎麼辦呢？

塞提亞給出了第二個工具——多做有存在性價值的事情。聽起來比較哲學，說得白話一點，就是「多做讓你感受到生命意義和自我成長的事情」。

我在做老人心理學研究的時候，接觸過很多銀髮族。那些身體健康、精力充沛的老人家，大都多年保持一至多個個人愛好，比如做了多年外商管理高層的大叔，私下是一位堅持二十年不懈的瑜伽教練；還有一位大學老師，她做的西餐簡直足以媲美米其林大廚。

在我和這些長輩聊天的時候，他們都提到興趣和愛好帶給他們的滋養，每當遇到工作或生活不如意時，他們總是能夠在熱愛的事情上找到自我價值。這和塞提亞的建議如出一轍，建議你也能在工作之餘發展一項愛好，以此便能平衡重複性工作帶來的空虛感。

心理學小科普

齊鄂朗．塞提亞是麻省理工學院哲學系的教授，他出版過多本專書，大多是用哲學的方式帶大家看待生活中所面對的困境，像是怎麼區辨是非、理性決策等。「如何面對中年危機」是他近年來很重視的一個主題，同時也出版了一本《*Midlife: A philosophical guide*》（簡體中文版為《重來也不會好過現在：成年人的哲學指南》）。塞提亞認為，我們可以利用哲學來幫助自己面對中年危機。以面對悔恨為例子，他認為我們不一定要執著於處理這個悔恨，而是可以問問自己，還有什麼可以讓我們繼續現在的生活。在這一節裡面所提到的相關文章，有興趣的朋友可以找原始文章來看。（https://hbr.org/2019/03/facing-your-mid-career-crisis）

課．後．總．整．理

年輕的時候，看美學大師朱光潛先生的一本書——《給青年的十二封信》，書中有一句話令我印象很深刻：「生命途程上的歧路儘管千差萬別，而實際上只有一條路可走，有所取必有所捨，這是自然的道理。」

儘管我們都知道魚和熊掌不能兼得，但每次面對選擇，仍是對自己不確信，對未來不確定，夾在中間迷茫糾結。與其這樣，不如試試這堂課中介紹的兩個方法，一個策略是「眼高手低」，兩個思維工具是「與選擇帶來的機會損失和解」、「多做有存在性價值的事情」。把握當下，走出一條屬於自己的精彩之路。

思考題

最近有讓你感到迷茫的事情嗎？試著給自己制定一個行動計畫。

Lesson 11

偏見和謬誤如何欺騙了你？

假如你要買把椅子，現在有兩把椅子外觀看起來一模一樣，第一把椅子標價是原價一〇〇〇元，限時特價一〇〇元；另一把的標價是原價五〇〇元，同樣限時特價一〇〇元。也就是說，這兩把椅子的購買價格都是一〇〇元，只是原價不一樣。請問你會買哪把？

如果你選擇的是原價一〇〇〇元那把椅子，那麼恭喜你，你和大多數人做了同樣的選擇。

為什麼看起來一模一樣的椅子，價格也一樣，我們會傾向買原價更高那把呢？這其中有兩個原因：第一、從心理感受上來說，原價越高，我們會覺得自己撿到便宜，省了很多錢；第

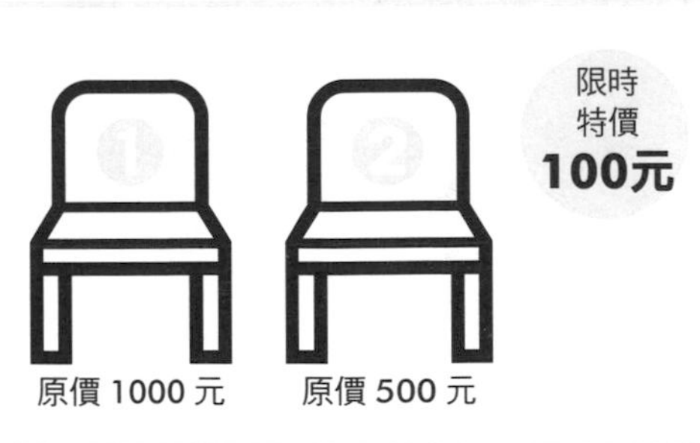

二、我們會覺得原價能賣一〇〇〇元的椅子，品質一定比原價五〇〇元的椅子好。但其實這都是我們的偏見。

生活中我們被偏見影響的例子比比皆是。比如你想要買一個保溫杯，現在面前有兩款可選，第一款保溫杯賣二〇〇元，在購物網站的10分制評分中，這款保溫杯的得分是7分；第二款保溫杯價格是四〇〇元，是第一款價格的兩倍，它的評分是9分。你會選哪個？

可能大部分人會選擇第一款，因為7分和9分差距不大，但價格卻差了一倍。所以，大部分的人會去算CP值，算下來第一款的CP值更高一些。

現在，我把這道選擇題做些修改，再增加一個選項（第三款保溫杯），聽完之後，你再看看自己會選哪一款。

□第一款保溫杯→價格二〇〇元，評分是7分。

□第二款保溫杯→價格四〇〇元，評分是9分。

□第三款保溫杯→價格六〇〇元，評分是8分。

怎麼樣，這次你會選哪個？

仔細看，你會發現，新加入的第三款，價格是第一款的三倍，評分卻只有8分。價格貴，品質又不是最好，我想很少人會選擇第三款。

但神奇的是，因為有了這個搗亂的第三選擇，原本在第一道選擇題中，大部分人傾向選擇便宜又實惠的第一款，這時則是傾向拿四〇〇元購買第二款。原因是：比較三款保溫杯，第二款價格適中，評價卻是最好的。

為什麼我們那麼容易受到影響，只是多了一個煙霧彈式的多餘選項，就改變了原來的選擇呢？

不管你是否承認，我們很容易被矇騙，這是一個事實。有些人雖然學歷很高，讀了很多書，也經歷過不少事，卻被電話詐騙騙走了不少錢。看似很聰明的一個人，也會做出讓人難以置信且非常糊塗的決定。這背後，都和我們的大腦有關。

我們的大腦是個吝嗇鬼

在決策理論方面獲得諾貝爾獎的美國心理學教授丹尼爾・康納曼，在其暢銷書

《快思慢想》（*Thinking Fast and Slow*）中提出了雙系統思維模型，一個是「直覺思維系統」（快思的系統一），另一個叫做「理性思維系統」（慢想的系統二）。這兩個思維系統，其實我們每天都在用，只是我們自己用的時候沒感覺。

直覺思維系統靠的是直覺，反應迅速，它與我們平常意義上所講的「思考」稱不上有關係。比如看到草叢裡面有一條蛇，你會下意識閃躲；坐飛機遇上亂流，稍有顛簸，你就會緊張；看到一個可愛的嬰兒，你便會微笑。這些都是你的直覺思維系統起作用的表現。因為你不用經過任何考慮和思索，它馬上就會啟動。

再說你在游泳池裡游泳，手怎麼扒，腳怎麼蹬，有需要思考嗎？不用，因為我們已經完全把它訓練成了直覺。

如果我現在問你：「21乘以58是多少？」算術能力差一點的人，就得掏出紙筆來計算了。對，這個時候你啟動的是一個反應很慢，但是邏輯推理能力非常強的系統，叫做理性思維系統。也就是需要你停下來，運用邏輯推理能力慢慢思考。通常我們在旅行時選擇哪條路線，讀書時選擇哪個專業科系，工作時去哪家公司求職，大部分人用到的都是理性思維系統。

如果要對這兩種思維系統做一個簡單對比，那就是：直覺是快速的、自動化的反應；而理性是緩慢的、需要聚焦和專注。一般來說，我們講母語的時候，使用的就是直覺思維系統；而費力地講外語時，傾向於使用理性思維系統。

目前有大量的科學實驗證明，人們更喜歡使用直覺思維系統進行判斷和決策。因為大腦的一個最基本原理就是節省資源，也就是說，能不用腦就不用腦，直接啟動本能的直覺，而這正是人類決策偏誤產生的根源。

既然我們已經明白大腦是一個吝嗇鬼，不喜歡啟動理性思維系統，導致我們判斷的時候會有偏差，那要怎樣才能不被偏見謬誤所誤導，做出理性的決策呢？以下提供兩個方法給大家參考。

飲水機閒談

第一個方法是康納曼在《快思慢想》一書中提到的飲水機閒談，在互動中傾聽多種聲音。如同前述，偏見和謬誤常常是因為直覺思維系統占了主導地位，在你應該動腦思考的時候，卻大腦一拍，簡單粗暴地做了決定，所以要想解決這個問題，你就要慢一些，主動啟動理性思維系統，反覆推理驗證之後再做決定。

但是，理性思維系統是懶惰的，需要刻意喚醒它，也就是需要外部的刺激或者提示。就好像你常常會忘記帶東西，有一天你需要從家裡帶一個重要的東西到公司，你就請同事如果看到你在線上，就發訊息提醒你明天要記得把東西帶到公司，這就是外部提示。同樣的，你在做決策之前，也可以給自己創造這樣的外部提示。

康納曼給的方法——飲水機閒談，就是讓決策者在做決策之前，到一個比較輕鬆的環境，比如辦公室飲水機旁，聽聽大家的閒談和批評。外部的資訊和反饋，能夠讓你的思考慢下來。

當局者迷，旁觀者清，人的理性，不在風平浪靜時，而在眾聲喧譁時。當你獨自決策時，假如身邊有不同的旁觀者，這些旁觀者會用他們的慢思考，來幫你糾正自己的快思考可能導致的錯誤。所以，集體討論決策雖然會有效率不高的問題，但在很多情況下，卻還是有意義的，因為它可以啟動很多人的「慢想」，減少「快思」可能帶來的偏見與失誤。

心理學小科普

丹尼爾・康納曼和阿莫斯・特沃斯基（Amos Tversky）因為提出了展望理論（prospect theory），在二〇〇二年獲得諾貝爾經濟學獎。有別於其他經濟學理論，這個理論不認為人做決策是理性的，而是會根據初始狀況，對於風險有不同的態度。

簡單來說，他們發現人有趨吉避凶的行為傾向。在能夠獲得的時候，會傾向選肯定會獲得的選擇，像是一定會有所收穫的福袋，而比較不會想要買一張可能輸光錢的彩券。但是，在面對損失的時候，則會傾向去冒險，希望可以因此躲過損失。

展望理論，就符合康納曼在《快思慢想》中所提到的系統一，也就是比較仰賴直覺的決策型態。不過，到底仰賴直覺就一定不好嗎？恐怕還有待更多研究來證實。

虛擬奇葩說

假如身邊沒有旁觀者該怎麼辦呢？接下來介紹的第二個方法適用於一個人獨處時的決策，那就是在你的大腦中虛擬一場奇葩說，用充分的辯論給你的直覺判斷打個折。（※《奇葩說》為融入辯論元素的中國說話達人秀節目）

我們都知道，充分的辯論能夠讓你的思考變得更理性，因為你能從各個角度對同一個問題得到更全面的了解。當你在做一個決策之前，不妨在頭腦裡面類比一場奇葩說，讓正反兩方在大腦中開一場辯論會。

這場辯論的關鍵是，你在辯論會裡扮演的不是自己，而是「對方辯友」，所以你要站在另外一個人的角度來審視自己。

比如你三十多歲還沒有結婚，是父母和親戚眼中的剩男剩女，他們總是跟你說別挑了，找個差不多的就行了。於是在父母的張羅下，給你找了個相親對象，條件般配，人也不錯，你自己也覺得自己到年紀了，該穩定下來了，這時是否就該按照父母的想法趕緊結婚呢？

婚姻大事，拿主意前需要理性思考，你可以把自己的結論和原因寫下來，例如：

和相親對象結婚，原因是年齡三十多了，身邊的好朋友也都結婚了，不忍心看著父母為自己操心……。

然後你想像自己變成了「對方辯友」，把你的結論和理由一個個推翻。例如：

是誰規定什麼年齡一定要做什麼事？結婚是一種義務嗎？是為了自己還是為了爸媽？不結婚為什麼會成為大家眼中的一種殘缺？

當對方辯友把這些充滿火力的問題拋給你時，你再理性思考一番。

如此一來一回，在辯論中會把問題了解得更清楚，也能防止你在關鍵時刻頭腦一熱，做出錯誤的決定。

課・後・總・整・理

生活中，我們常常受到偏見、謬誤的影響，這都和我們的大腦息息相關，因為直覺思維系統會影響理性思維系統的判斷。

其實，涉及衣食住行等百分之九十八的日常決策，你都可以使用直覺思維系統來做決策，但是有關人生大事的決策，你一定要發揮理性思考的能力。一方面可以多聽周圍人的建議，另外一方面，你可以採用頭腦虛擬奇葩說的方式，讓自己理性思考。

思考題

請想一想，你在做什麼事情的時候是比較有偏見的呢？你是否用過什麼方式來幫助自己降低偏見呢？

Lesson 12

決策失誤感到後悔，怎麼辦？

生活就是一連串的選擇題，小到外出購物、週末去哪兒玩，大到生涯規劃、婚姻戀愛。某種意義上說，你現在是誰，活得怎麼樣，是你過去所有選擇累加的結果。

如果現在讓你回憶一下，在過去所有的決策中，是否有哪些讓你感到後悔遺憾的選擇？我相信每個人都能說出一大堆。像是：

「真後悔當初選專業科系時，沒選自己喜歡的藝術系。」

「真後悔放棄了對自己那麼好的一個男生，可惜現在再也回不去了。」

不僅僅是這些過去很久的事情會讓你感到後悔，哪怕就在今天，你去商場買了一件衣服，回來之後發現網上同款的衣服便宜很多時，你可能都會哀歎自己買虧了。牌桌上有句話叫「買定離手」，意思是確定了就不再反悔。但通常的情況是，我們的手收回來了，心卻飄走了。總是想著如果做另外一個選擇，結果會不會更好。

這個世界上有沒有後悔藥？

為什麼我們比較來比較去，好不容易做了一個選擇，總是會感到後悔呢？有什麼方法可以減輕這種遺憾的感覺？這堂我們就來聊一聊決策中經常出現的現象——「後悔」這個話題。

前一段時間，我和太太在網上給孩子買了可隨年齡調整座面高度的成長書桌，收到貨之後發現，完全不像宣傳網頁上描述的那樣。太太抱怨我說：「哎，這次網購真是太失敗了，都怪你，當時我說去商店買另外一個牌子，你不聽。」我也很後悔，雖然可以退貨，但一想到要打包寄送，就感到心累。

像我這種知道了決策結果之後產生的後悔，在學術上有一個專有名詞叫「決策後悔」（postdecision regret）。相對應的，還有一種後悔叫做「預期性後悔」（anticipated regret）。什麼意思呢？舉例來說，你逛商場時看中了一件毛衣，買單之前，你心裡就在想，這件毛衣好是好，其他家店應該能找到比這CP值更好的，網上買的話說不定更便宜。這就是預期性後悔。也就是說，做決定之前就已經後悔了。

心理學小科普

預期性後悔對人的影響有兩個方面，有些人會因預期性後悔而產生行動，有些人則會因為預期性後悔而不去行動。一個綜述分析的學術文章發現，當一個人擔心自己做了什麼，之後會後悔，就會降低做這個行為的意圖，行為頻率也會下降；但是當一個人擔心自己若不做什麼，之後會後悔，就會提升做這個行為的議題與行為頻率。在這個綜述分析中，也發現預期性後悔對行為的影響超乎先前的想像，甚至比起預期產生的負面情緒，或是風險評估，更能預測一個人是否會做出某些行為。

荷蘭蒂爾堡大學（Tilburg University）教授馬歇爾．吉倫堡（Marcel Zeelenberg）做了很多「後悔」相關的研究，從研究結果中，他也發現善用預期性後悔，或許更能讓人們會想要做某些事情，或是不要做某些事情。關鍵就在於，人們對面後悔的時候，相較於面對選擇，能更理性的思考。

一個是決定之前，因為有其他可能性而感到後悔；一個是看到結果不如人意，然後感到後悔。為什麼不管是決定前，還是決定後，我們都會感到後悔呢？背後的原因又是什麼？在了解具體原因之前，先來看一道選擇題。

假設你現在有兩個工作機會：A工作薪水不錯，福利待遇也好，工作環境舒適，唯一缺點是升遷空間不大，也就是說這裡一個蘿蔔一個坑，你能一眼看到十年後自己的樣子；而B工作薪資一般，基本沒有福利，但是行業發展非常快，會有很大的個人上升空間，如果公司發展得好，也會有更好的回報。一個穩定而高薪，一個極具潛力和可能性，這兩個工作機會同時擺在你的面前，你會選哪個？

可以肯定的是，不論你最終選擇哪一個，你都清楚的意識到自己放棄了一些東西。選擇了穩定，也就失去了無限可能；擁抱了可能性，也就失去了安穩的生活。這就是機會成本，為了做出一個選擇，而喪失的其他可能性。這種喪失的感覺會影響你的心情，也更容易讓你事後感到後悔。

此外還有一個重要的影響因素，那就是「反事實思考」(counterfactual thinking)，在心理上對過去的事情加以否定，並設想出一種新的可能性。比如你跟朋友約了晚上見面，出門時發現時間有點緊，走去搭捷運怕來不及，就叫了輛計程車，沒想到堵了一路，結果遲到一小時。當你心急如焚地坐在計程車裡時，心裡想著「如果去搭捷運就好了，要是搭捷運早就到了」。在這個例子中，「坐計程車遇上堵車」是事實，而「搭捷運不會遲到」就是反事實。

反事實思考，是我們在大腦中虛擬了一個假設的結果，拿它和現實做比較。它是可能發生，應該發生的，但實際上並沒有發生。當你拿這個假設的想像中的結果與現實結果做比較，如果它比現實結果好，你就會覺得現實更加糟糕，於是陷入後悔的負面情緒之中。

所以，當你受到機會成本的影響，忘不掉其他選擇的好處，再加上反事實思考中理想和現實的對比，就更加火上加油，讓人後悔不已了。比如連假出門旅遊，你放棄去最近很熱門的旅遊景點打卡，選擇跟朋友去海邊度假，回來之後，反事實思考就開始運作了，這趟旅行要是吃的方面再好一點就好了，要是有多幾間有意思的商店就好了……等等。在評價一個決定時，每一個反事實思考都意味著增加一點後悔。

既然我們已經了解決策後悔這種情緒的來源，那麼，無論決策結果好還是不好，如何才能讓自己心態平和的接受呢？下面就送上兩劑治療後悔的後悔藥。

避免社會比較

第一劑後悔藥是「避免社會比較」。隨著網際網路的發展，我們的社交半徑急遽擴大，微信朋友圈裡的好友清單基本都有上千個，看著大家在朋友圈裡晒生活，也讓每個人有了更多的比較心理。

過去你學習成績好，是班上第一、學校第一，是一件非常值得驕傲的事。現在大陸因為數據透明化，你的成績放在全區、全省乃至全國當中去比較的話，就差強人意了，考第一的喜悅也會被沖淡很多。小時候和同學比成績，成年之後和他們比薪資、比頭銜、比存款，比較無處不在。再加上比較標準的提高，你會更在意自己的決策結果，也更容易感到不滿足。為什麼現在那麼多女性對自己的身材感到不滿意，對自己皮膚不滿意，一個很大的原因就是，她們所比較的對象，已經從鄰居變成了那些被精心美化的明星宣傳照。

少一些比較，就多一些滿足。要擁有不被外界打擾的能力，就少關注他人，把注意力更多地投入在讓自己感到快樂的事情上。

學會滿足

除了減少和外界比較，你更需要的是自我滿足的能力。所以這第二劑後悔藥就是

「學會滿足」，提醒自己另外一種選擇可能更糟糕。

當你在做選擇的時候，你的目標是非得找到最好的那一個，還是足夠好就行了？如果你是完美主義傾向，只能接受最好的，你就會花費更多的精力進行選擇，也更容易感到後悔；而如果足夠好對你來說就可以了，你會更容易感到幸福。

除此之外，要記得**不要拿理想的假設與糟糕的現實進行比較**。理想很豐滿，現實卻很骨感，這時你需要提醒自己的是，用頭腦中不切實際的幻想和現實相比並不公平，另一種選擇可能會更糟。

以我自己為例，我剛回台灣要找工作的時候，其實有幾個不同的機會，只是那時有一些考慮，所以後來都沒有送出應聘的申請。現在看到當時同期的朋友，在資源比較豐沛的學校，有了不錯的發展，偶爾會有點遺憾，覺得是自己當初決定放棄這樣的可能性的。但是，從另一個角度去思考，或許也就是因為在一個比較多元的環境，我才有機會伸展自己的創意，當個非典型的大學教師。

每個選擇肯定都有得有失，我們要學習做一個滿足者，從事件的本身去尋找積極**意義，而不是惋惜自己所失去的**。就像你去釣魚，如果沒有用美味的魚餌，怎麼能引誘魚上鉤呢？若是你一直惦記著自己少了那些魚餌，而不是從容享受鮮美的魚，那就真是太可惜了。

課・後・總・整・理

當選擇成為日常，用什麼樣的心態來面對選擇，就顯得尤為重要。做出選擇，就意味著要付出機會成本，而沉浸在理想狀況的幻想中，只會加深你的不滿。要正向看待自己的每一個選擇，減少外界的比較，盡量追求「足夠好」，而非「最好」。決策是一門學問，它是一種比較和取捨的能力，也是一種處理不確定性的能力，需要你在具體的選擇中一次次練習。

思考題

最讓你感到後悔的一個決定是什麼，你有嘗試過什麼彌補方法嗎？現在你還在後悔嗎？

PART

3

成長焦慮

在社會上，我們都有變更好的壓力，
而隨著年紀的增長，壓力只有越來越大的趨勢。
你有想過，自己是真的想要變得更好，所以才成長，
還是因為別人的期待，才會努力讓自己長大的呢？
沒有人能決定你該變成什麼樣子，
只要你滿意自己現在的樣子，你就不該感到焦慮。

Lesson

13

什麼年齡該做什麼事？NO，你要活在「個人時鐘」裡

生活中，你是否經常聽到有人對你說這些話？

「趁年輕，趕緊找個條件好一點的對象，年紀越大越不好找。」（這是催你談戀愛找對象）

「差不多就行了，別太挑了，三十多該成家立業了。」（這是催你趕緊結婚）

「別只顧工作，該考慮生個孩子了，早點生，我還能幫你們帶一帶。」（這是催你趕緊生孩子）

「都一把年紀了，還折騰什麼啊，好好做你現在這份工作就行了，你以為創業那麼容易啊，賠進去怎麼辦。」（這是勸你老實生活，別瞎折騰）

你發現了嗎，這些話中都有一個關鍵詞，那就是「年紀」。年紀好像有個保鮮期，趕不上就過期了。三十歲之前就應該結婚，過了這個年紀就成剩男剩女，不好找對象

了；三十五歲之前就應該生孩子，過了這個年紀就很難要小孩了；成家立業以後，就不應該瞎折騰了。我們好像被年齡框定了活動範圍，一旦你想做一些在世人眼中不符合你年齡的行為，周圍的人就會關心提醒你這個年齡應該做什麼，不應該做什麼。

為什麼我們總是被要求什麼年紀就該做什麼事呢？如何才能不被年齡限制，活出自我呢？

有一次，以前帶過的一位畢業生回學校看我，跟我抱怨從他二十五歲以後，時間好像加速了，工作、戀愛、結婚，都要趕在幾年時間內完成，只要有一件落在別人後面，身邊的親朋好友就會輪番上陣，做你的人生導師，提醒你，建議你，好像你的人生已經岌岌可危了。

確實，我們每個人多少都承受著這樣的壓力，而這種壓力在心理學上被稱為「社會時鐘」（social clock）。

社會時鐘這個概念，最早是由三位美國的心理學家在一九六五年提出的，指的是我們所處的社會文化形成的一種約定成俗的人生節奏，社會中的每個個體都會有意無意的遵循這種節奏。

心理學小科普

社會時鐘是班尼斯・紐加頓教授（Bernice Neugarten）在一九六五年與另外兩位學者喬安・摩爾（Joan W. Moore）與約翰・羅文（John C. Lowe）一起提出的。雖然社會時鐘談的是人們在幾歲時該做哪些事情，但是紐加頓教授在提出這個理論時，就明確表明社會時鐘會受到社會、文化的影響，而不是放諸四海皆同的。

紐加頓教授長期研究成年人的發展狀態，她不僅曾任美國老年學學會的會長，也入選美國藝術與科學學院院士，獲獎無數，其中最主要就是美國心理學會頒發的終生成就金牌獎。另外，她所任教的芝加哥大學，也因為她在老年學卓越的研究成果，用她的名字來命名一個老年學的獎項名稱。

簡單來說，就是什麼樣年紀，該做什麼樣的事。

比如我們通常是三歲進幼兒園，六、七歲就開始讀小學，十八歲的時候上大學，二十二或二十三歲開始工作，二十八歲左右步入婚姻，三十歲至五十歲拚命賺錢，經營家庭，然後在六十多歲的時候退休。

在社會時鐘的節奏下，我們的一生被劃分為若干階段。它對每一個人生階段都提出了具體而嚴苛的紀律，使我們置身於一張幾乎密不透風的時間表中。一旦沒有跟上「社會時鐘」的節奏，有了「社會時差」，就免不了要面臨「被催」的命運。在這樣的外在約束下，很多人會自覺或不自覺的配合社會時鐘的節奏，以至於年齡成為當代人終生的焦慮來源。

其實社會有社會的大鐘擺，我們每個人也都有自己的小時鐘，可能早一點，或是晚一點。我們一定要整齊劃一的跟著社會時鐘生活嗎？如何才能擺脫年齡焦慮？下面有兩個原則提供給大家參考。

自設人生進制，活在自己的時區

第一個原則是自設人生進制，活在自己定義的個人時區中。

我們總是在追趕一些東西，以為自己比別人慢幾步，就跟不上周圍人的節奏了，內心產生深深的焦慮和不安。其實這種擔心是多餘的，因為你沒有落後，你只是活在自己的時區中。

網路上有一支流傳很廣的影片，裡面有一段話，「紐約時間比加州時間早三個小時，但加州時間並沒有變慢」，我覺得非常有道理。有人二十二歲就大學畢業，但等了五年才找到好工作。有人二十五歲就當上CEO，卻在五十歲的時候去世了。也有人遲到五十歲才當上CEO，然後活到九十歲。有人依然單身，同時也有人已婚。世上每個人本來就有自己的發展時區。

身邊有些人看似走在你前面，也有人看似走在你後面，但其實每個人在自己的時區有自己的進程。不用嫉妒或嘲笑他們，他們都在自己的時區裡，你也是！生命就是等待正確的行動時機。所以，放輕鬆，你沒有落後，也沒有領先。在命運為你安排的屬於自己的時區裡，一切都準時。因此，你沒必要太在意社會時鐘，只需要在自己的個人時區中安排好自己的時間即可。

在這堂課，我想跟大家分享一個自設人生進制，活在自己時區的故事。他叫三浦公亮，是日本東京大學的教授，一位天體物理學家。因為沉迷摺紙，他把大部分的時間和精力花在摺紙上面。以世俗的眼光來看，他這是浪費自己的專業才華，甚至有些玩物喪志。可是對於三浦來說，他是真的熱愛摺紙，全心投入摺紙領域進行研究，後來他發明了一種魔術折紙法，被稱為「三浦摺疊」。

拿出一張A4紙，按照三浦摺疊的折法，展開後就像棋盤一樣，一格一格是若干個平行四邊形，如果你輕輕一推，整個棋盤又能輕鬆收攏摺疊在一起。三浦摺疊的神奇之處就在於，無論在摺疊還是展開的過程中，摺疊中的每個平行四邊形始終不彎折，完全保持平坦。這項發明被應用在很多領域，讓無數人受益匪淺，不管是航太用途上的摺疊式太陽能板，還是醫學上的人造血管支架，都得益於三浦公亮當年不走尋常路的奇思妙想。

如今也有很多年輕人，希望像三浦公亮一樣，嘗試另外一種生活，但常常只要稍微一出格，你現在拚搏得來的一切就會響起警報，提醒你是否準備好放棄已經擁有的生活。自己不確信的同時，再加上外部的質疑聲，很多年輕人就又退縮回去了。

我在英國約克大學讀博士的時候，認識一位正在念碩士班的同學。當時他的年齡比我大很多，快四十歲了，但他對學術研究很感興趣，而且成績也不錯，有意申請讀博繼續深造。他的導師跟他說：「你的年紀已經不小了，如果再念博士，畢業之後年齡更大，去找工作的時候會沒有競爭力。」但他並沒有因為質疑退縮，也不認為年齡是自己學術研究路上的一個障礙。經過一番努力，他申請去倫敦大學讀博士，順利畢業，幾年之後，因研究成績突出，回到英國約克大學做教授。

我經常拿他的故事鼓勵我的學生，夢想不應該被年齡限制，想要就去追求。要想在自己的個人時區中活出精彩人生，最重要的是不要過分謹慎，有勇氣與眾不同，不在意周圍異樣的眼光和評價。

拓寬眼界，多和異類為伍

第二個原則是拓寬自己的眼界，多和異類為伍。這裡說的「異類」，指的是那種常人眼中不走尋常路的人。

當你見識了那麼多人不同的選擇，以及他們的可能性，你對待不同事物的包容性也就越強。所以我在學校上課的時候，就特別推薦學生多讀傳記類書籍，多去認識不同的人，他們的經歷會給你帶來不同的啟迪。

我的生活圈雖然會遇見一些特立獨行的學生，不過真的不常有機會遇上所謂的異類。但有一次因為要去聽我喜歡的歌手趙詠華演唱（她是那場演唱會的特別來賓），認識了音樂製作人李王若涵。她個性蠻洋派的，又具備一些東方的美德，總之是個有點衝突的人。她最讓我敬佩的一點，就是除了有音樂方面的專長，她每年都還要求自己要學一個新的技能，從做甜點到織毛線、製作保養品，到過去一年在學習韓文。而且她還不是走馬看花的那種學，是可以做到職業水準，實在令人敬佩不已。

如果你身邊也有這種「不走尋常路」的朋友，你就不會覺得自己很孤單、很異類，更能堅信自己的選擇是對的。你喜歡單身，他們不會勸你非得結婚，反而可以跟你聊聊如何為自己規劃保險，如何安排好老年生活；你喜歡遊戲，他們不會覺得你不務正業，反而可以跟你探討遊戲產業和文化。

課・後・總・整・理

年齡只是生理上的一種衡量，不要讓它成為心理上的一道坎。即使有約定俗成的社會時鐘，每個人也有可以自己定義的個人時區。

不要因為年齡而否定自己。年齡，從來都不會成為你的障礙。捆綁你的，是你對年齡的恐懼感，沒有勇氣去追求幸福。無論你處在什麼樣的年齡，都依然擁有人生中的無限可能。

思考題

你對年齡有什麼看法？目前你有什麼想做的事情嗎？不去做的原因又是什麼？

Lesson
14
你離找到真實的自己還有多遠？

小時候，你可能聽過這個神話故事：傳說中的獅身人面獸斯芬克斯（Sphinx），守在山崖口，用一個謎語刁難過路的行人。這個謎語的謎面是「什麼動物早晨用四隻腳走路，中午用兩隻腳走路，晚上用三隻腳走路」。行人一旦答錯，馬上就會被吃掉；如果回答正確，斯芬克斯就會從山崖上跳下去。很多人都沒猜出來，直到伊底帕斯參透了謎底，他回答說是「人」。因為人剛生下來時，用手和腳匍匐著爬行，長大以後用兩隻腳走路，年老以後拄上一根拐杖，就成了三隻腳。伊底帕斯猜對這個謎語後，斯芬克斯跳崖而死。

這個故事之所以流傳很久，我想不僅是因為這個謎語類似智力遊戲，讓人印象深刻，還因為它背後所蘊藏的哲理引人思考，那就是：人到底是如何發展起來，我們又是如何認識自己的。

我是誰？我來自何方？將向何處去？

認識自己是一個終生的難題。我在輔大教書的這些年，和學生談心時，經常會聽到他們說：「老師，我不知道自己應該追求怎樣的人生，成為一個怎樣的人，甚至有時候都感覺不認識自己。」

我還記得有一個女生很沮喪地跑來跟我說：「揚名老師，我有時候很愛乾淨，有時候又很邋遢；有時候感覺自己充滿魅力，有時候又覺得自己一無是處；有時候覺得自己無所不能，能夠解決一切難題，有時候又束手無策，膽小逃避。到底哪一個才是真正的我呢？」

「這些都是妳啊，妳是所有這些我的總和。之所以妳覺得不認識自己，不知道自己的未來在哪裡，是因為妳還沒有完成一個重要的人生發展任務，那就是自我認同。」我笑著跟她說，

蘇格拉底曾說：「認識你自己。」老子在《道德經》裡說：「知人者智，自知者明。」三千多年過去了，人類對「自我」的探索從未停止。自我認知，是我們每個人

一生中必須面對的最重要課題之一。

歷代心理學家也在努力研究這個課題。其中著名心理學家艾瑞克森（Erik Erikson）提出了心理社會發展理論（psychosocial developmental theory），亦稱人生發展八階段理論。這個理論把人一生的成長分成八個階段，包括童年、青春期、成年和老年。這就好比一部自傳體電影，從出生起，你拿了一份屬於自己的人生腳本，在不同的階段扮演著「孩子」、「學生」、「工作者」、「伴侶」、「父母」等人生角色。每一個階段，你都會遇到一個心理上的危機，如果能順利度過，你就會獲得一種新的、更成熟的心理品質，人生也會順利進入下一個階段。如果沒有度過這個危機，它就會在下個階段重現，提醒你去補課。

心理學小科普

艾瑞克．艾瑞克森的人生發展階段理論，雖然是在一九五〇年代提出的，但迄今還是最廣泛被接受的人生發展理論。因為艾瑞克森本人師從安娜．佛洛伊德（Anna Freud），所以這個理論其實有濃厚的精神分析基礎。像是認為若沒有辦法突破某個階段的衝突，就會停滯不前。不過，有別於佛洛伊德認為一個人的發展在青春期就完成了，艾瑞克森認為人的發展過了青春期，還是會持續發生的。

有點可惜的是，艾瑞克森沒有針對六十五歲以後的人再進行細分，可能他在一九九四年逝世之際，全球老年化的現象還不嚴重，還沒有這樣細分的必要。但是，現在不僅聯合國已經把老年人又細分為年輕老人（六十至七十四歲）以及老老人（七十五歲以上），全球最大的老年組織AARP（樂齡會）也在二〇一八年的一份研究報告中，以每五歲為一個區間，分別定義六十歲以上的人有哪些不同的心理需求。

目前社會上大多數人都面臨青春期階段發展任務延後的問題，以至於很多人在成年之後仍然不清楚自己是誰，喜歡什麼，要過怎樣的生活。因為還沒尋找到自己，所以備感焦慮與迷茫。青春期的發展任務是什麼？而這種延後給成年期帶來的影響又是什麼呢？

艾瑞克森認為，青春期這個階段要開始嘗試回答我是誰，我來自何方，將向何處去這些問題，重要任務是形成自我同一性（自我認同），對自己是一個怎樣的人，有一個相對穩定的認知。比如，你比較清楚地知道自己的底線和價值觀是什麼，喜歡和什麼樣的人交朋友，未來會選擇什麼樣的職業等等。否則就會出現認同危機，產生角色混亂。

舉個例子，我認識的一位年長的藝術家朋友，他從很小就開始畫畫，大概十歲的時候，他就默默對自己說要畫一輩子的畫。他很早就知道自己未來要走的路，儘管受到家人的反對，一路都非常堅持。在我看來，他早就完成自我同一性，對自己有非常清楚的認識，知道自己這一生的使命是什麼。

加拿大心理學者馬西亞（James Marcia）在艾瑞克森理論的基礎上，進一步探討了青少年的自我認同，並根據探索和承諾兩個維度（當你遇到階段性的危機後，你去探索努力的程度，和認真去做的投入程度），把自我認同分成四種不同狀態，分別是：他主定向型、認同迷失型、延期未定型以及認同達成型。

(1)他主定向型（foreclosure）

過早確認了自我認同，幾乎沒有怎麼探索，就已經投入並付諸行動。比如有的人因為父母是醫生，覺得自己未來應該也是當醫生，他根本沒有去試過其他可能性，也不知道自己到底喜不喜歡從醫，就早早對自己的未來職業有所定位。這樣做的好處是很早就達到了自我同一性，缺點是這種確認並不牢固，一旦面臨失敗或者負面評價，就很容易自我懷疑。

(2)認同迷失型（identity diffusion）

既不了解自己，也不關心這些問題，處在一種得過且過、走一步看一步的狀態中。

(3)延期未定型（moratorium）

非常努力在探索自我，但還沒有得到答案。很多人都有過這樣的感受，嘗試了各種不同的工作，好像還是沒有找到自己真正的熱情所在，因此會感覺到焦慮和迷茫。

(4)認同達成型（identity achievement）

經歷過各種嘗試和探索之後，對自己有了清晰的認識，確定了未來的人生方向和目標，即使碰到困難和挫折，也不會輕易動搖。

那該怎麼做才能早日找到自己呢？下面介紹的兩種方法，可以幫助你一步步靠近自己，加深對自己的認識。

多跨界，多嘗試

第一個方法是做斜槓青年，多跨界，多嘗試。

前面我們已經了解到，自我認同是在不斷探索和嘗試的過程中逐漸獲得。那麼，你在成長過程中就要多去嘗試。

不確定自己喜歡什麼樣的職業，可以多去了解不同的工作領域，找到最能發揮自己優勢且自己最喜歡的工作；不確定自己和什麼樣的人相處最意氣相投，就多交些不同類型的朋友，尋找與自己最投契、最匹配的那一類；不確定什麼樣的伴侶最適合自己，那就多談幾場戀愛，在接觸和互動的過程中，選擇最適合的那一位。

嘗試的過程中，無論你喜歡還是不喜歡，無論成功還是失敗，你都能在這個過程中加深對自己的認識。

就像日本著名設計師山本耀司說的，「自己」這個東西是看不見的，撞上一些別的什麼，反彈回來，才了解「自己」。在經歷中，你才能漸漸看清自己內心的面目，找到那個真實的自己。

國外的教育中有「空檔年」（gap year）的傳統，這個傳統，鼓勵青年高中畢業之後，在去工作或念大學之前做一次長期旅行，體驗不同社會環境的生活方式。我在英國讀書的時候，發現同學幾乎都有過空檔年的經歷，有的是去非洲協助宣傳醫療衛生知識，有的是到東南亞地區教當地孩子學英語，各式各樣都有。在遊歷的過程中，增進自我了解，從而找到自己真正想要的人生方向。

如果條件夠的話，你也可以給自己放個短假，去嘗試自己夢寐以求、想做卻一直沒做的事情，收穫其他可能性。

接納現在的自己，繼續探索可能的自己

在尋找自我的過程中，一部分的人是因為沒有去嘗試，以至於有他主定向或者認同迷失，還有很多人是延期未定，有努力嘗試了，但還是沒有找到。如果你是這種情況的話，建議不妨試試第二個方法，接納現在的自己，繼續探索可能的自己。

成長是一個螺旋上升的過程，找到自己，獲得自我認同這項任務，有可能會持續終生。即便你在某一個階段感覺對自己有了比較清晰的認識，但在下一個階段，因為一些變化或衝突，你又會提出新的可能性。比如工作上的調動，或者遇上結婚生子這種人生大事，你會重新置放自己的角色。

所以，當你覺得好像還沒有找到真實的自己時，不要過於焦慮。現在的你，背後丟失過無數個可能的自己；未來的你，正在你的嘗試中，愈加清晰。重要的是，在這個過程中，學會對自己負責，在不斷的選擇中活出自己。

課・後・總・整・理

著名的心理學家榮格（Carl Gustav Jung）曾說：「每個人都有兩次人生，第一次人生是為別人而活，第二次人生是為自己而活。」曾經我們不停的把自己交出去，活在各種角色中，現在你要做的是找到內心的那個自我，活出自己。

在尋找自我的這條路上，或許並沒有終點，你不必因為曾經的他主定向、認同迷失或者延期未定而感到恐慌，接納現在的自己，向未來的那個他，一點一點地靠近。

思考題

你在尋找自我的路上發生過哪些特別的事情？

Lesson

15 撕下標籤，你的人生你說了算

不知道你有沒有留意過，無論你是有意或無意，生活中的我們總是喜歡貼標籤。我們常常會根據第一眼看到的身材樣貌，給他人貼上外貌標籤；透過與人交流、觀察行為，給他人貼上性格標籤。比如：看一眼一個人的社交軟體頭像，就覺得這個人好油膩；瀏覽一個人的微信朋友圈，就覺得這個人好像沒見過什麼世面；聽一個人說自己是四川人，就覺得他應該很能吃辣；知道一個人是處女座，就認為這個人一定有潔癖、愛吹毛求疵。相對的，就在你給別人貼標籤的時候，其他人也悄悄地在你身後貼標籤。

與此同時，我們也會因為某一件事給自己貼標籤，像是認為自己是拖延症患者，覺得自己不夠聰明、沒有上進心等等。為什麼我們這麼喜歡貼標籤？如何才能不讓標籤影響到你的成長呢？這堂課我們就來聊一聊「貼標籤」這件事。

當貼標籤成為一種日常……

我們就像一個熟練的流水線作業員，從看到、聽到、覺察到的那一刻，不費吹灰之力就把標籤貼在他人和自己的身上。但有時候我們也會貼錯。比如：你看到一個體重破百的大胖子，覺得他一定很笨拙，沒想到他竟然身段靈活，華爾滋跳得行雲流水一般；你看到公車上一個年輕人沒給老年人讓座，就認為他很自私，一點公德心都沒有，卻不知道他通宵加班，在椅子上睡著了，根本沒看到前面的老人。

既然貼標籤會出錯，為什麼每個人都還在貼呢？

說到這裡，就不得不說說我們的大腦。大腦每天要處理各種各樣複雜的資訊，為了節省認知資源，在長時間的進化過程中，大腦就形成了一個「經濟法則」，也就是用最少且最經濟的方式迅速判斷事物，所以就有了快速省力的模式化——貼標籤。

舉例來說，生活中對我們最重要的總是那一小部分人，比如你的家人、親密的朋友，你會花時間去了解他們、認識他們，至於其他和你有短暫交集的人，你只會簡單了解一下，以便節省認知資源去認識其他新人。這時候你給他們貼上豪爽、可靠、雙魚座乖乖女、巨蟹座暖男等標籤，是最快最省力的。而當我們對某一類人有了大致判斷，形成一個範本和框架後，下次再遇到類似的人時，只需要把他也塞進這個歸類中就行了。所以，「貼標籤」是人類為了節約認知資源，慢慢進化出來的能力，有限的認知資源，讓我們不可避免地給別人「貼標籤」。

當貼標籤成為一種日常，它會給我們帶來什麼影響呢？心理學上有個詞叫做「標籤效應（effect of labelling）」，意思是，當一個人無論是被自己還是他人貼上一個標籤的時候，**潛意識裡就會向著標籤上的方向發展**。

再舉個例子，當一個孩子經常聽到爸爸媽媽對他說：「你怎麼這麼笨，這麼簡單的題目都不會做，自己連這一點小事都做不了！」長此以往，他就會在內心給自己下一個判斷：「我就是很笨」，日後碰到其他稍微有點困難的事情，這個標籤就成了一種心理暗示，「反正我不聰明，一定也會做不好」，阻止他去努力嘗試。

同樣的，如果你給自己貼上拖延症患者的標籤，這個特徵只會在你的身上越來越明顯。因為當你拖延的時候，它就成為一個理由，畢竟你都已經自稱是拖延症患者，沒按時完成也就顯得名正言順了。

前面我舉的兩個例子，都是不好的、負面的標籤。那麼如果是正向的、積極的標籤，會怎樣呢？如果有人誇你脾氣好，你是不是就很難再對他生氣？有人誇讚你的服裝很有品味，你是不是出門之前，會更加在意穿衣搭配呢？

所以，無論是「好」是「壞」，標籤對一個人的自我認同都有強烈的導向作用。當你被貼上的是積極的標籤，產生的影響就是正面的；如果被貼上的是消極的標籤，那麼產生的影響就是負面的。也就是說，給一個人「貼標籤」，往往會有暗示作用，會引導一個人往「標籤」所暗示的方向發展。

心理學小科普

標籤化對人的影響非常大，就連在填寫智力測驗前勾選自己的種族，或是在做記憶測驗前勾選年紀，都會對於我們的行為造成影響。絕對不是那種人們主觀有意識到的標籤，才會對自己造成影響。所以，你應該檢視一下，自己是否有在無形中被影響的經驗。是不是哪次被專櫃小姐叫帥哥、美女，心情就大好，接著錢包就失守了。除了個人層面的標籤化之外，也有整個社會層面的標籤化，像是對於新住民、台客等等的標籤化。

在資訊爆炸的年代，標籤化的影響越來越嚴重，人工智慧以及深度學習，更是助長標籤化的發展。你我都該提醒自己，不要過度仰賴標籤化的產物，星座運勢就是其中一種。畢竟每個人都是獨特的，怎麼可能用幾個標籤，就把所有人都做了分類呢？

貼標籤是一把雙刃劍，它既可以督促你的成長，也有可能壓抑你的成長。想想看，我們在成長的過程中，被別人和自己貼了多少標籤？好的、不好的，牢固的、鬆散的，它們都在無形當中影響了你，塑造了你。

那麼，我們應該如何看待「被貼標籤」這件事呢？怎樣做才能不被標籤所限制，避免貼標籤的消極作用，發揮它的積極作用呢？接下來我們就按這兩部分介紹具體的做法。

發揮貼標籤的積極作用

第一部分，我們先看如何發揮貼標籤的積極作用。

多給自己貼正向標籤

如果你想讓自己變成你希望的樣子，你就多給自己貼正向標籤，也就是多鼓勵自己，激發出你想要的特質。比如你脾氣有些暴躁，想變得有耐心一些，就給自己貼上耐心的標籤，告訴自己遇到事情耐心一點，再耐心一點，在這種心理暗示下，你就會有所改變。

心理學研究告訴我們，這種類似貼標籤的做法，對人的影響真的很大。其中南加州大學的研究就發現，如果老年人在做記憶測驗之前，閱讀了老化會損害記憶力的假新聞，他們在後續的實驗中，記憶表現就會受到影響。如果記得一個字就會獲得獎賞，他們因為覺得老了記性會變差，相較於沒有讀文章的老年人，記下的字會比較少；但是，如果忘記一個字就會獲得懲罰，這些有讀文章的老年人，反而會想要證明自己記性沒有那麼差，表現會比沒有讀文章的老年人好。而除了記性之外，也有研究者是誘發人們原諒的特質，同樣也發現，在人們回想自己曾經原諒別人的一個經驗之後，行為舉止就會比較有道德感。

此外，在一些社交平台上，也會用這種貼標籤的行為，來增加使用者的黏著度，或是促使他們更容易展現特定的行為。簡單舉個例子，各位可以想想，你是不是某個臉書粉絲頁的頭號粉絲呢？當你成為頭號粉絲之後，是不是會對於你的行為產生什麼樣的影響呢？

多貼正向標籤，在某種意義上，和成長型思維這個概念很類似，也就是認為人的能力是可以努力培養的，萬事萬物都可以透過自己的參與得到改變。**不管是對自己還是對他人，你越正向，就越能擁有積極的改變力量。**

減輕負面標籤帶來的影響

保留正向標籤的同時，也要勇敢撕下身上的負面標籤。接下來第二部分，我們一起來看看，如何減輕負面標籤給你帶來的影響。

#避免折磨自己，給自己貼負面標籤

當你開始貼下否定標籤時，給自己留個五秒鐘時間，想想看，自己真的是這樣嗎？這樣對嗎？

比如你對自己說，「我就是一個性格古怪的人，所以沒有人會喜歡我。」當你意識到自己正在把「性格古怪」這個標籤往身上貼的時候，先暫停一下，想一想：

什麼叫性格古怪？它的定義是什麼？表現是什麼？我真的有這些表現嗎？

別人對性格古怪的定義是什麼？會如何對待這樣的人？

當你回答完這些問題之後，就會對自己有新的認識，自然而然就會停下貼標籤這個動作。

#勇敢說不，撕下身上的負面標籤

但有時候我們能控制住自己，不給自己貼負面標籤，卻管不了別人，又該怎麼辦呢？雖然我們無法阻止自己被貼標籤，但是我們卻可以決定自己如何看待這件事。也就是說，別人給你貼上負面標籤，你可以不接受，甚至把它勇敢撕下來。

個體心理學有個「課題分離」（separation of subjects）的概念，是由著名心理學家阿德勒（Alfred Adler）提出的。它的意思是，分得清哪些是自己的課題，哪些是別人的課題，做到互不干涉。套用網路上流行的一句話，「關你屁事，關我屁事」，各自做好自己的事，就很好。在面對被貼標籤這件事，你也可以用同樣的態度，他貼是他的行為，與你無關，只要你不接受，對你一點影響也沒有。

情緒焦慮 選擇焦慮 成長焦慮 職業焦慮 關係焦慮

課・後・總・整・理

有意無意，我們都喜歡貼標籤這個遊戲。貼標籤這件事情並不一定是不好的，像是正向標籤，就對一個人有好的影響。此外，有一些標籤對於人的影響，會受到情境的不同，而可能有好或是不好的影響。但是，如果你不喜歡別人幫你貼標籤，你也可以想辦法擺脫標籤的束縛，照你的意思，活出自己的樣子！

思考題

你曾經給自己貼過什麼標籤，這對你又有什麼影響？

Lesson 16

內向的人，該怎麼活在人人皆主播的年代？

你了解自己的性格嗎？

或許你會說：「我是外向的人，熱情開朗，朋友很多。」也可能會說：「我是內向的人，安靜內斂，喜歡獨處。」又或者說：「我的性格介於內向與外向之間，屬於中間型性格。」是的，我們每個人都會不自覺給自己的性格貼上標籤。

接著我想再問你一個問題，你覺得不同的性格有好壞之分嗎？

有不少人可能會認為，性格外向一點會更好，因為外向的人更受歡迎。尤其現在是人人皆主播的年代，外向的人巧舌如簧，激情四射，日進斗金。

那麼，性格內向就真的不好嗎？內向的人該如何正確認識自身的優勢，發揮內在力量獲取成功呢？其實，無論是外向或內向，性格沒有好壞之分，只是有所不同。

下面我們就先來了解內向與外向性格的區別，以及內向性格的優勢。

內向和外向的概念，最早是由著名心理學家卡爾．榮格提出的，他認為內向與外向的區別在於，跟周圍世界發生聯繫時，人的興趣及關注點的不同。外向的人更加關注外部世界，容易被外界的人和事所吸引，喜歡參加聚會，通過社交為自己充電，提升能力；而內向的人則更加關注內部世界，往往被內心想法和感受吸引，注意力主要集中在意義的追尋上面，傾向於透過獨處、思考來獲取能量。也就是說，外向的人偏愛廣度，內向的人偏愛深度；外向的人愛社交，內向的人愛思考。

而在美國著名研究者瑪蒂．蘭妮（Marti Olsen Laney）博士的《內向心理學：享受一個人的空間，安靜地發揮影響力，內向者也能在外向的世界嶄露鋒芒！》（*The Introvert Advantage: How to Thrive in an Extrovert World*）一書中，對內向與外向性格的區別作了更具體的描述。

首先，面對外界的刺激，內向的人一般會表現出比較強烈的反應，比如在公共場合發言，或者獨自承擔重要的工作任務，會產生明顯的緊張和不安；而外向的人一般不那麼敏感，相反的，他們會主動接觸外部世界，甚至追求一些冒險刺激的體驗，更喜歡待在需要人際交往的環境中。

其次，在精力的恢復上，內向的人像是一塊充電電池，把他們放在人群和社交當中，能量會被快速消耗掉，他們需要的是安靜地待在角落裡給自己充電，所以內向的人喜歡獨處，透過做自己喜歡的事情來獲得滿足感；而外向的人就像一塊太陽能板，接觸外界和參加社交活動，像是見到太陽一樣，能夠快速獲取能量。因此，外向的人更喜歡熱鬧，在人群當中充滿活力，一旦獨處就會感到束縛和無聊。

再次，在深度和廣度上，內向的人偏愛深度，外向的人偏愛廣度。內向的人涉獵範圍有限，喜歡在某一個領域做深入研究；而外向的人涉獵範圍廣泛，喜歡探索各種感興趣的事情，但不太會投入時間和精力做深入研究。這種特點在人際交往上也有所反應，比如內向的人朋友較少，傾向於與他人深入交往，而不僅僅是熟悉；外向的人則往往不滿足於三兩個知心朋友，更喜歡周旋於不同的朋友圈，同時也擅長處理各種複雜的人際關係。

由此可見，性格並沒有好壞之分，內向者與外向者有著不同的個性特徵，也有各自的優勢與弱點。內向的人，不必將自己與孤僻、敏感、脆弱等字眼捆綁在一起，因為內向者往往有善於思考、專注力強、同理心強和善於傾聽等優勢。

心理學小科普

瑪蒂·蘭妮博士擅長精神分析，為著名婚姻及家庭治療師，特別關注內向者的性格，致力於推廣內向者的優勢，從成年人一直延伸到孩子。她自己本身是一個內向者，嫁給外向的老公已經超過四十年，夫妻倆還合作寫了一本書，談外向者與內向者如何維持親密關係，並探討性格迥異的人要如何相處。

近年來，有越來越多探討內向性格的書籍問世，不少也在市場上獲得成功，像是討論高敏感特質，安靜的力量等等。其實每一種性格都有自己的特性，但究竟這些特性會是優勢還是劣勢，取決於社會文化對於這些特性的認可。所以，真正的關鍵是了解自己的性格，並且思考自己的性格在所處的環境下，有哪些優勢以及劣勢，而不要隨意被標籤所影響了。

那麼，在正確認識並且接納內向性格後，我們該如何在最大程度上發揮性格的特質並贏取成功呢？其實答案很簡單，就是要學會揚長避短。

揚長，利用優勢的力量

我們先來談談如何揚長，利用優勢的力量。

#佈置屬於自己的「抽離區」

內向的人喜歡安靜，愛一個人獨處，你可以有意識的在家中或辦公室，設立一塊「抽離區」，盡量把這個區域佈置得舒服一些，讓自己每次待在這個特別空間，都能夠恢復能量，自我充電，更好的面對社會生活。

像我就是在辦公室佈置了一個屬於自己的「抽離區」，周邊擺放的全都是我從世界各地帶回來的米飛兔。每當獨自坐在那裡，被最喜歡的米飛兔包圍，我就覺得內心很平靜，拋開工作和生活中的各種煩心事，拿本自己喜歡的書，喝杯茶，就能很快滿血恢復。

#潛心研究一個專業領域

內向的人在做任何決策之前，都會經過深思熟慮，一旦認準目標，便會努力不懈，勇往直前。因此，內向的人可以嘗試潛心研究某個專業領域，透過不斷思考和深化，提出創新性的研究結論，逐步發展成為該領域的專家。

國際著名導演李安就是一個性格內向的人，他曾說自己無數次被內向膽小的性格所困擾，但也正因為他堅持對電影的熱愛，在安靜中思考和尋求靈感，所以我們在看他執導的影片時，總感覺劇情是在一種冷靜中娓娓道來。這得力於他內向者的視角，剖析事件和人物另闢蹊徑，最終傳達出一種讓人震撼的效果。

追求高品質穩定的人際交往

內向的人自身是優秀的聆聽者，心思細膩，又富有同理心，具有親和力，往往會吸引真正知心，可以建立親密關係的朋友。因此，在人際交往的過程中，不必強求數量，過分重視交際技巧，而應該從心出發，慢慢經營，建立深度而豐富的關係，追求高品質穩定的朋友圈。

我有個工程師朋友也很內向，他最大樂趣就是坐在電腦前面寫程式，說話不多，即使參加聚會，也比較沉默寡言。但是他精通電腦，身邊的人只要有電腦方面問題，都會來找他幫忙解決。看似木訥的他，其實很善於察言觀色，什麼事都了然於心，如果有煩心事跟他聊，他總能幾句話就說到重點。所以他看似不喜歡社交，朋友不多，但都是非常交心的朋友。

避短，正視並嘗試克服劣勢

接下來我們再來談談如何避短。避短不是忽視劣勢，而是正視並且嘗試克服它，降低劣勢對個人發展的影響。

內向的人，大腦中主導情緒的杏仁核更加敏感，一旦外在環境有變動，他們會很容易受到影響。而為了避免受到外界環境的影響，建議你可以這麼做：

事前多做推演

推演的意思是，做事情之前，腦子裡可以像過電影一樣，思考一下整個專案，尤其是各種突發情況要怎麼應對。

在事前有通盤的考慮，一旦事情發展不如預期，就可以快速參考，不會陷入緊張慌亂的情緒。比如你要在有管理高層列席的會議上做彙報，為了避免報告時過於緊張和慌亂，你可以提前擬好講稿，自己演練幾次，對於長官可能會關心和問到的問題，提前做好準備，心裡先有個底。這樣你就能夠從容應對。

 # 接受自己擔憂焦慮的情緒

內向的人比較容易受到外界環境的影響，你需要從心裡接受這點。遇到事情，不急著快速做出反應，而是先梳理好自己的情緒，再用適合自己的步調來處理。例如，你聽到公司最近傳出業績不好要裁員的消息，盡量不要慌亂，接受自己擔憂焦慮的情緒，冷靜下來思考自己下一步可以怎麼辦，主動準備好可能的應對措施。

 # 鼓勵自己大膽嘗試

遇到一件事情是需要展露自己的時候，內向的人常常會感到猶豫。如果這件事是你真正想做也真正喜歡的，就不要把自己的怯懦歸結於內向的性格。內向者不是不敢嘗試，也不是怯懦，只是對變化比較敏感，需要耗費一定的精力才能適應變化。這時，你不必強行改變自己，可以鼓勵自己大膽嘗試，推著自己一步步去試探。

課・後・總・整・理

內向與外向性格有各自的特徵，內向性格存在很多天然的優勢，也有相應的劣勢，內向的人要正確認識並接納自身性格，學會揚長避短。

這堂課，介紹了內向的人如何發揮性格特質贏取成功的方法，包括如何利用性格的優勢和克服性格劣勢兩方面。儘管我們身處人人皆主播的年代，內向者不必再承受社會輿論壓力，為自己的性格感到自卑，要知道內向性格其實潛藏著巨大能量，同樣可以活出恣意人生。

思考題

你覺得自己是外向的人還是內向的人？你在工作或者生活中有做過成功突破性格限制的事情嗎？

Lesson 17

別用無效的努力掩蓋你的懶惰

前陣子一位我帶過的畢業生約我吃飯。他畢業兩年，在一家管理顧問公司工作。用餐過程中，他不斷跟我抱怨自己新來的主管。他說這個主管外表看上去就是公司的模範員工，每天幾乎都是第一個到公司，最後一個離開辦公室，還經常加班到半夜，有時碰到趕專案，乾脆就睡在辦公室裡面。我說：「聽起來還好啊，這樣的工作狂肯定很得老闆的賞識。」

學生反駁我說：「他就是假忙碌，每天上班最愛做的事情就是開會，明明幾分鐘可以解決的會議，他非得延長到一個小時；兩三個人就能搞定的事，他非把十幾個人都拉過來一起做。開完會，他就是回郵件、刷臉書，然後跟周圍的同事聊天，一副自己很忙碌的樣子。」在他看來，這個主管不僅效率低下，還在整個團隊中提倡加班文化，希望大家跟著他一起留在辦公室加班。

想想看，你身邊有沒有像他主管這樣的人，總是努力營造出一種很忙的樣子，忙著出差、忙著加班、忙著打卡……其實他們只是看起來很努力，看起來很忙碌，但這種忙碌是無效的，甚至是一種懶惰的表現。

忙碌是一種懶惰的表現

做為老師，我帶過不同資質、不同性格的學生。每個班裡總會有特別努力上進的學生，他們讀書很用功，上課認真做筆記，課後認真看書複習，把大部分時間都放在學習上面，效果卻不一定很好。甚至他們畢業之後，踏入工作崗位，依然會重複這樣的模式，做事認真，加班加點，用上進和勤奮激勵自己，成為大家眼中的模範員工。

我並不是在否定努力和勤奮，讓大家不要努力。不是的，我要說的是那種不得要領的假勤奮。

往往我們一不小心，就會陷入到假勤奮的陷阱中。比如一味的低水準重複，沒有反思和總結，用行動上的勤奮去麻痺自己，甚至感動自己，讓自己覺得自己很努力。

當他們努力很久卻得不到自己想要的結果時，就容易自我懷疑，覺得自己很笨。這就是為什麼說忙碌是一種懶惰的表現，因為你只是一味的低水準重複，用行動上的勤奮掩蓋了思想上的懶惰，然後陷入一種越忙碌越低效的迴圈。

前幾年，有一本暢銷書《異數：超凡與平凡的界線在哪裡？》（*Outliers: The Story of Success*），作者麥爾坎·葛拉威爾（Malcolm Gladwell）在書中提出一個著名的理論，叫「一萬小時法則」（10000-hour rule）。他經過對比比爾蓋茨、賈伯斯、頂尖運動員、世界級音樂家等各個行業中最優秀的人之後，提出一個結論，那就是人們眼中的天才之所以卓越非凡，並非天資高人一等，而是他們付出了持續不斷的努力。一萬個小時的錘鍊，是任何人從平凡變成世界級大師的必要條件，任何人都可以透過至少一萬小時的練習成為高手。毫無疑問，對那些渴望成功的年輕人來說，一萬小時法則就好像一劑強心針，告訴他們只要努力，沒有天賦也能有機會成為世界頂級。

但是，只要花一萬個小時，就一定能夠出類拔萃嗎？曾經有一個綜述分析的研究報告，彙整了諸多探討練習時間與表現之間關連性的研究，他們發現雖然練習時間越長，表現會越好，但練習時間只能部分解釋表現進步的程度，平均只有百分之十二，也就是練習時間對於表現的促進效果，恐怕沒有我們想的那麼重要。此外，如果花很多時間練習，但是練習的品質不好，成效也不會好，所以我們不應該過度放大長時間練習帶來的效果。

所謂的刻意練習，剛好與低水準重複相對應，一個是發生在舒適區外，一個是舒適區裡面。這裡的「舒適區」，指的是你得心應手，在熟悉的環境中做著熟悉的事情，一點挑戰也沒有。而刻意練習會把你拉進學習區，讓你在未曾涉足、充滿挑戰的地方，不斷地提升自己。除此之外，刻意練習有著精準的目標和計畫，而低水準重複既沒有目標，也沒有針對性的反思和總結。

所以，**僅僅努力和堅持是不夠的，很容易讓你掉進低水準重複的陷阱中，變成欺騙自己的假學習、假忙碌。**

心理學小科普

不論是一萬個小時的練習也好，刻意練習也好，某種程度來說，都是一種陰謀論。因為練習是一件只要你有意願就能夠做到的事情，所以讓每個人都覺得自己是有機會成功的。但是，我們或許真的不能那麼樂觀。在二〇一四年，有一個綜述分析研究，比較了在幾個領域（運動、音樂、遊戲、教育）中，練習對於在該領域的表現有多大貢獻。結果顯示，練習的效果在各個領域的貢獻差異性頗大。在預測性比較高的遊戲領域，練習對表現是比較有貢獻的。但是，對於教育領域，卻只有不到5％的貢獻。面對這樣的結果，我們不用對練習感到心灰意冷，而是要提醒自己，要聰明練習，而不是反覆機械式的去做練習。舉例來說，可以在練習的時候，思考是否有更好的做法，讓自己更省力或是更省時。

那麼，應該怎麼做才能擺脫低水準重複，讓自己的努力更有成效呢？下面同樣提供兩個方法。

目標導向，用目標來檢視你的努力

第一個方法是，目標導向，用目標來檢視你的努力。

很多人都是忙著忙著就忘記自己的目標是什麼，陷入一種假忙的狀態。目標是你做事的出發點，也是檢查過程正確與否的重要指標。在你陷入假忙碌時，靜下心來問問自己，是否離你所定的目標更近了一步？

當你這樣發問的時候，就能夠意識到，自己每天的努力是否是衝著明確的目標去的，還是說你只是為了忙碌而忙碌，跟自己的既定目標毫無關係。

假設你的目標是提高自己的業務能力，那你每天花在核心業務上的有效工作時間是多少？和業績考核最重要的工作都完成了嗎？效率如何？當你這樣自問時，就可以檢查一下工作日誌，看看自己每天時間都用在哪裡，占你大部分精力的事情是否都與核心工作相關。這樣你就能知道自己是真忙還是假忙，時間都用在了哪裡。

就像前面我的學生所抱怨的那位主管一樣，我相信他一定希望自己能夠成為一個好上司，帶領團隊取得好成績。但他拉著那麼多人開無效會議、宣導加班文化，讓下面的同事怨聲載道，卻和他的初衷相背離。之所以會這樣，就是因為他在忙碌中忘記了自己的目標是什麼。

高水準覆盤，帶著目標和反思去努力

如果說帶著目標去努力，能夠讓你始終走在正確的方向，那麼階段性的覆盤就能夠讓你擺脫低水準重複，更上一個台階。所以，接下來要介紹的方法，就是高水準覆盤，帶著目標和反思去努力。

「覆盤」這個詞，其實是一個圍棋術語，是指下完一盤棋之後，雙方將對弈過程中所有落子按順序重複擺一次，複演這盤棋的記錄，以檢查棋局中的得失關鍵，找出雙方在攻守過程中的漏洞，被認為是圍棋選手精進棋藝最重要的方法。漸漸的，覆盤也被做為避免犯錯、有效提升效率的工具，用在商業模式和個人管理。

我們之所以會低水準重複，就是因為每一次的成果不能形成勢能，也就是說前一次的努力成果不能為下一次的努力打基礎，以至於你不斷的推倒重來，原地踏步，看不到成效。

人的成長，應該是前一次的努力成為後一次努力的階梯，才能逐漸搭成一個體系化的框架，形成勢能。而要想達到這樣的成效，就需要不斷的覆盤，總結上一次的得失，在下一次的實踐中得到提升。

覆盤的具體做法，可分為以下四個步驟：

(1)回顧目標：想想你當初的期望是什麼。例如：你希望提高自己的口語能力，達到跟外國人流暢對話的水準。

⑵**評估結果：**經過一段時間的努力和練習，看看自己的學習成效如何，是否達到預期結果。例如：你背了一個多月的單字，看了一個多月的美國影集，發現自己還是無法用英語和人對話。

⑶**分析原因：**想一想整個過程中哪些環節有問題。例如：只背單字和看影集就能提升口語能力嗎？還有沒有其他更有效的方法？

⑷**總結經驗：**透過分析和總結，規劃下一步的具體行動。例如：你發現除了背單字、看影集，最重要的是多說多練，最好是去跟外國人直接對話。

完成覆盤後，你會發現之前的行動中，哪些地方有問題，可以怎麼改進調整，擺脫原地踏步的低水準重複，讓自己的能力得到提升。

課・後・總・整・理

網路上有人分享這麼一段話：「按一輩子快門的人，未必會成為攝影師；寫一輩子文章的人，很多成不了作家；在公園打十年太極拳，與功夫可能毫無關係，因為，那根本就不是正確的努力方式。」換句話說，他們本質上就是低水準重複。

一個人如果一直低水準重複，就會陷入越努力越疲憊的惡性循環。不要用行動上的勤奮掩蓋思想上的懶惰，悶頭做的同時也要抬頭看路，總結方法，刻意練習，高水準覆盤，讓進步看得見。

思考題

要想不讓自己陷入低水準重複，你還有其他什麼方法嗎？

Lesson 18 如何面對人生的重重困境？

「成年人的生活裡沒有『容易』二字。（Easy doesn't enter into grown-up life.）」

這是電影《氣象人》（*The Weather Man*）中一句非常戳心的經典台詞，每個成年人都是一邊喊累，一邊含著淚往前走。只是，有些人走著走著就掉隊了；有些人擦乾眼淚，收拾好行囊，繼續往前走。等過一段時間回頭看，有些人乾脆放棄了，有些人停滯不前，然而有些人卻能夠堅持到底。

這是為什麼呢？明明你和他同等聰明，甚至當初你比他更優秀，為什麼最後脫穎而出的是他，而不是你呢？當然，這裡面的原因有很多，有外在機遇，也有內在能力的差別。但有一點可以肯定，那就是在逆境面前的抗壓能力，讓大家的人生漸漸有了差別。

有些人可能非常優秀，生活也一直順風順水，可是一旦碰上什麼挫折，就邁不過去了。有些人卻在困境面前，升級打怪，從谷底反彈，最終成就更大的人生。我們應該如何面對人生的重重困境呢？這堂課就讓我們來聊一聊耐挫力。

你，習得無助了嗎？

一九六七年，美國「正向心理學之父」馬汀・塞利格曼（Martin Seligman）做過一個「習得無助感」（learned helplessness）實驗。

他把狗關進籠子裡，搖鈴之後會把地板通電，這時狗會感受到電擊。重複多次以後，狗只要聽到鈴聲，就有要逃避的反應，但一直無法逃脫。之後，塞利格曼把狗放到另一個籠子，這個籠子分成兩個區域，其中一區的地板通了電，另外一區沒有通電，狗是可以跳到沒有通電那一區的。但他發現到，這些狗並不會逃離，因為牠們認為自己沒有辦法逃離被電擊的命運。塞利格曼把這種現象命名為「習得無助感」。他認為我們人也是一樣，如果一個人多次失敗之後，也會習得無助，會放棄努力，甚至懷疑自己的智商和能力。

心理學小科普

馬汀・塞利格曼是美國正向心理學大師，現任賓州大學正向心理學中心的總監。塞利格曼教授迄今已經有三百五十篇以上的學術發表，以及三十本專書，其中《真實的快樂》(*Authentic Happiness*)、《邁向圓滿：掌握幸福的科學方法&練習》(*Flourish*)等幾本也有在台灣出版。他在正向心理學的研究及實務上貢獻卓越，獲獎無數，含括了表揚基礎研究、應用研究，或是臨床實務工作。

不少人會把正向心理學與正向思考混為一談，但兩者是不同的。正向心理學並非盲目追求正向的感受，而是強調以科學為基礎，探討人們該如何過一個更有意義、更為充實的生活。對正向心理學有興趣的朋友，可以參考賓州大學正向心理學中心的網站，上面有豐富的資源，包括一些自我檢測的工具，大家可以善用。

耐挫力是成功登頂的關鍵

我們在生活的過程中，難免會遇到各種各樣的困難和挫折，這些逆境有時候會讓人深陷谷底，習得無助，有時也會讓人從谷底反彈，踏上人生另一個新階段。這背後取決於你的耐挫力如何。

「耐挫力」(resilience)一詞，中文翻譯有很多種，比如心理韌性、抗挫力、抗逆力、復原力、逆商等等，是指一種在高壓的狀況下依然有積極產出的能力。

而在《AQ逆境商數》（*Adversity Quotient: Turning Obstacles into Opportunities*）這本書裡，作者保羅．史托茲（Paul Stoltz）就講了這麼一個真實的故事：一九九六年五月十日，五支探險隊在登頂聖母峰時遭遇風暴，僅一些人得以生還，有十五人不幸遇難。當時，一位探險隊隊員貝克．威瑟斯（Beck Weathers）也倒在大雪紛飛的雪地中不省人事。幾個小時後，他醒了過來，強撐著往大本營走去。即使他意識到自己快要死了，仍然艱難的往前走。幸運的是，他遇見了隊友，最後順利獲救。

史托茲從這個登山的故事，把面對逆境的人分為三類：

⑴遇難而退者

通常會半途而廢，習慣逃避和放棄。比如有些人創業失敗，可能從此一蹶不振，自暴自棄。

⑵中途而止者

一開始也會付出努力，投入時間和精力，一旦到達某一個高度後，他們就鬆懈下來，在中途逗留，不再向前。

(3) 攀登者

把人生視為長跑，不急於一時的成敗得失，持續向前，直到登上山的最頂峰。所以，困境可能是有些人的絆腳石，也有可能是另外一些人的墊腳石，關鍵在於困境來臨時，你的耐挫力如何。

我們每個人在成長過程中，都會遇到這樣那樣的困境和挑戰，耐挫力推動著你克服危險，達到自我實現。但隨著時間的推移，這種力量可能會發生變化，你可能會增強自己的韌性，耐挫力越來越強，也有可能會失去它，變得越來越脆弱。耐挫力和壓力就像蹺蹺板的兩端，當壓力過大，達到某一個你不能承受的臨界值時，這個人可能就會被擊垮。相反的，如果你在困境來臨時，提升了自己的耐挫力，這種韌性在下一次挫折降臨時，就能夠幫助你度過難關。

或許你又會問，既然耐挫力如此重要，這種能力是天生的嗎？我們是否可以後天習得？令人欣慰的是，哈佛醫學院的喬治・華倫特（George Vaillant）教授從哈佛大學長達五十年的追蹤研究結果歸結，認為耐挫力並非與生俱來，而是可以後天培養和學習的。

至於要如何培養耐挫力，接下來我會從內部系統和外部系統兩個方面，提供大家一些建議和方法。

內部系統：解釋風格

所謂內部系統，指的是你的內心有多強大，在壓力來臨時，能否保持積極樂觀的態度。這裡推薦一個關鍵的方法——解釋風格，也就是你是如何看待挫折的。

當你覺得眼前的挫折如泰山壓頂，再也無法改變，你就會成為一個遇難而退者；當你覺得這點磨難是幫助你成長的推手，那麼你就會直接面對它，成為最後登頂的攀登者。所以，你的解釋風格很大程度上影響了你對挫折的看法。

塞翁失馬的人生啟示

我們小時候應該都有聽過「塞翁失馬」的故事吧，它的故事線是這麼走的：

塞翁丟了馬，人家對他說：「你真倒楣呀！」塞翁說：「未必是件壞事。」

沒幾天，先前丟的馬帶了另一匹馬回來，大家說：「你真幸運。」塞翁說：「未必是什麼好事。」

有一天，塞翁的兒子騎馬不小心摔斷了腿，大家又對他說：「你真倒楣。」塞翁說：「不見得是壞事。」結果軍隊徵兵打仗，他的兒子因為殘疾逃過一劫。

從這個寓言故事來看，在塞翁的眼中，糟糕只是短暫的，情況再差也不會永遠是這樣。因此，當你覺得挫折是常態，過一段時間就會改變，那麼困難就成了紙糊的老虎，變得不那麼可怕了。

失婚網友的人生體悟

我曾經在微博收到一位網友來信，她在信上說，她在三十五歲那年結束了一段五年的婚姻，原因是對方不斷婚內出軌。當時雙方父母都勸她選擇原諒，維繫原來的家庭，而且說她大齡離異，即使離婚也很難再找對象。她也曾經恐懼懷疑過，最終她還是選擇離婚，重返職場。現在的她開了一間屬於自己的瑜伽教室，心態健康，比以前更加年輕，身邊也不乏追求者。

回顧那段婚史，這位網友說她非常感謝那段坎坷的經歷，讓她得以重新思考自己的人生價值。如果沒有過去的那段經歷，她可能會失去自我，也會因為放不下而心生抑鬱。

很多人在回顧逆境時，都有一個瞬間，突然意識到逆境給自己帶來全新的意義。也就是說，你能跳出來重新看待困難本身，不會如臨大敵，慌亂恐懼，而是把它當成一種饋贈，有勇氣跟它對話，獲取力量走出困境。因此，**當你用積極的解釋風格給逆境賦予一定的意義時，逆境一定能夠教你很多東西。**

前面說的內部系統，從自身出發，賦予逆境積極意義。但有時面對外界壓力，特別是壓力很大的時候，光靠自己硬挺也不行，你還需要尋找外部力量，建構外部支援系統。

外部力量：建構外部支援系統

這裡的外部支援系統，主要來源於和睦的人際關係，例如你的家人和朋友等，以及榜樣的力量，例如你身邊的偶像或傳記裡的傳奇人物。從他們身上，你會收穫力量，幫助你在困境之中逆風翻盤。

 # 家人朋友是最強大後盾

回想我們小時候，每次哭泣總會投入父母的懷抱。即使你長大成人，遇到困境，也不要因為擔心麻煩父母，而迴避他們的關心。

除了家人，朋友是最能理解我們的人，哪怕只有一個朋友的支援，也會對身處逆境中的你產生莫大安慰。當你感到壓力的時候，想想愛你的家人和朋友，他們是你最強大的後盾，大膽求助，即使是這樣的特殊時刻，也能使你們的關係更加穩固，甚至得到昇華。

 # 典範人物是力量供給者

除此之外，我們熱愛的典範人物也能在逆境中給你力量。歷史中的人物，最令我佩服的就是蘇軾了，不僅僅是因為他的詞寫得好，而是他在困境面前的豁達。

多次被貶的蘇軾，生活極其貧困，卻始終保持內心的樂觀與平靜。被貶黃州，在蘄水遊玩時，他說：「誰道人生再無少？門前流水尚能西！休將白髮唱黃雞。」意思是，誰說人生不能再有年輕的時候了？門前的溪水還能向西奔流，不要因自己老了而感嘆時光飛逝。

而當蘇軾一個人在雨中拄著竹棍淡定前行時，他說：「竹杖芒鞋輕勝馬，誰怕？一蓑煙雨任平生。」翻譯成白話是：一根竹杖，一雙草鞋，比騎著馬兒還要輕快，大雨又有什麼好怕的呢？穿上簑衣，走在茫茫煙雨中，照樣能像平常一樣來去自如。這是多麼的瀟脫啊！

就像這樣，找到一兩位同樣陷入絕境而不放棄的人，不管是你身邊的朋友，還是歷史上的傳奇人物，讀讀他們的故事，都能給你很大的支援。

課・後・總・整・理

衡量成功的標準，不在站立頂峰的高度，而在跌入低谷的反彈力。耐挫力強的人，面對困境，百折不撓，能夠充分調動自己的潛力來應付困難局面。為自己建構內外雙重支援系統，在逆境中提升耐挫力，將生活贈與你的最酸澀的檸檬，釀成一杯甘甜的檸檬汁。

思考題

回憶一段讓你記憶深刻的至暗時刻，當時你又是如何走出困境的呢？

PART

4

職業焦慮

提起職業焦慮，職場中人應該都不陌生。
每個人都希望自己的工作穩定，薪資高，升遷空間大。
但在行業競爭異常激烈的今天，
我們在職場中的工作常態是，
壓力過大、迷茫倦怠、想辭職又不敢辭。
應該如何應對職場中的這些焦慮呢？

Lesson

19 人生告急，你欠自己一份職業設計

同學A是我曾經帶過的一位學生，畢業後，收到一家外商人資部門的offer，薪資待遇不錯，但沒待滿三個月試用期，他就選擇了離開。原因是他覺得工作很枯燥，在這份工作中找不到激情。同學A從小喜歡街舞，希望把街舞做成自己的事業，後來他開了一家舞蹈教室，自己既要負責招生宣傳，還要親自幫學生上課，每天都很辛苦。在一次餐會上，他跟我說，原本他是想把興趣當職業，沒想到成為職業之後，對街舞再也感受不到之前那種純粹的喜歡了。

另外一位同學B，今年三十二歲，畢業七八年，最近聽說他離職了。在外人看來，他的工作也不錯，在一家挺有名的公關公司上班，是標準的白領。他為人比較隨和，在工作上也是，就做好自己手上的工作，不太會積極爭取，對未來沒有什麼清晰的規劃。但隨著新的營運方式更新反覆運算，他對新的業務模式還不如公司新人熟

悉，時間久了，上司自然是提拔年輕的得力幹將。看著晚入職的同事成了自己的部門主管，同學B面子上掛不住，就主動離職了。

以上兩個故事其實代表著不同的職場階段，以及這兩個階段最容易出現的職業困惑。初入職場，應該找什麼樣的工作，應不應該把興趣愛好變成職業？職業成長期，應該如何做好職業規劃，幫助自己快速成長？

靜下心，提升自己的工作能力

先從第一個階段「初入職場」談起。

從學校畢業踏入職場，內心比較迷茫，很多人不喜歡自己的第一份工作，覺得沒有幹勁。甚至有些人會不斷換工作，這個不喜歡，辭了，然後再換下一個，下一個不喜歡，繼續換。換來換去，耽誤了寶貴的時間不說，還讓自己心情很沮喪。

其實，剛轉換到一個新的環境，加上缺乏基本的職業素養和能力，無法完全勝任手頭的工作，會感到挫敗和壓力，不喜歡這份工作，是非常正常的。逃避或跳槽並不能解決問題，最重要的是靜下心來，提升自己的工作能力。即使你不喜歡，也建議你做到及格之後再換下一個，因為你在這個領域中積累的職業能力，一定也能夠應用到下一個工作環境。

像前面的A同學一樣，初入職場時，還有一個困擾大家的問題，就是應不應該找自己喜歡的，讓自己有激情的工作。

有一種觀點是，找工作要找自己熱愛的事情，把工作和興趣愛好結合起來。如果你還沒找到，就繼續找，直到找到為止。其實我不太贊同這種觀點。在《深度職場力：拋開熱情迷思，專心把自己變強！》（*So Good They Can't Ignore You: Why Skills Trump Passion in the Quest for Work You Love*）這本書中，作者卡爾．紐波特（Cal Newport）採訪大量的職場成功人士之後發現，絕大部分人都不是一開始就喜歡上自己的工作。他認為，追隨激情去找工作，是在給自己增加難度，讓你陷入一種不利處境。

有一句我一直很喜歡的座右銘：「喜歡你要做的事，而不是做你喜歡的事。」雖然聽起來很雞湯，或甚至有一點病態，但我真的覺得是如此。因為對於一件事情的喜好，雖然能夠讓我們在一開始就決定自己要做怎麼樣的選擇，但是在進一步的認識之後，卻有可能和自己原本預期不一致。這個時候，你可以決定自己要換一個選擇，或者從中去找到自己喜歡的元素，而這個找到自己喜歡的元素，就是去喜歡你要做的事。

蘋果公司的共同創辦人史帝夫．賈伯斯（Steve Jobs）有一次在史丹佛大學的畢業典禮上演講，也提到了要有很棒的工作表現，唯一途徑就是喜歡你該做的事。也就是說，**你是不是做你喜歡的工作，真的不是關鍵；關鍵是你有沒有喜歡你的工作。**

心理學小科普

多個民調公司的數據顯示，樂在工作的員工比例不到一半，甚至有一家的民調數據顯示僅有15%的員工樂在工作。當人們對自己工作不滿意的時候，往往會覺得自己是異類，應該要另謀出路。然而，實際上採取行動的並不多，很多人其實是陷在不滿又不願意做出改變的處境。

或許很多人都誤會了工作的意義，覺得工作該是自己生活中很重要的一個部分。但是，工作不一定要占那麼重要的位置，你可以想像工作只是一個讓你有收入的管道，只要付出和獲得不是嚴重失衡，實在沒有必要太吹毛求疵。

就像電影《靈魂急轉彎》（*Soul*）中的男主角喬，對工作抱有一個憧憬，但因為一直沒有辦法如願，始終悶悶不樂，也因此錯過了生活中很多的美好。諷刺的是，當他最後終於可以如願的時候，他才意識到，原來工作上的成就並沒有那麼了不起。

所以，換個角度看待工作，你會發現自己其實沒有那麼不喜歡現在的工作，只是對它的期待與現實有比較大的落差罷了。

相較於找到激情，找到自己在工作上的意義，是更關鍵的因素。當你覺得自己的工作是有意義的，你會有更強的動機想要好好工作，也會更投入在工作上。雖然我們可能會覺得某些工作比較容易有意義感，像是醫生、消防員等。但是，每個人只要有意願，都可以在工作上創造意義感，這個意義感是針對你個人的，而不是對別人來說是有意義感的。

密西根大學商學院的教授珍・道頓（Jane E. Dutton）以「工作塑造」（job crafting）這個概念來描述，每個人都可以根據自己的需求，把工作形塑成對自己來說是有意義的。她建議，如果你的工作是有彈性的，可以多把一些重心放在讓你比較容易有成就感的事情上，藉以提升工作的意義感。即使你的工作沒有太多的彈性，也可以透過和志同道合的同事聊天，來打造屬於你的意義感。

在日綜《日本職人好吃驚》這個節目中，製作單位採訪了很多終其一生只做一件事情的日本職人，有一些職人會說：「一開始會踏入這個行業，完全是為了要繼承家業。」但是後來他們發現，能夠讓自己繼續下去的關鍵，通常是一種使命感，想要把這件事情傳承下去的感覺，也就是說他們在工作中找到了意義感。

所以，沒有一份職業是完美的。初入職場時，不是抱著激情的訴求去找工作，最重要的是先把手頭的工作做到最好，慢慢找到屬於自己的意義感，你或許就會對工作更有熱情。

找到自己的核心能力，發揮優勢

接著我們再來看看「職業成長期」。在這個階段，最重要的是找到自己的核心能力，發揮優勢，獲得職場的進一步提升。

前面B同學最大的問題是，他沒有發現和找到自己的核心能力，讓自己得到進一步提升，以至於在行業環境發生巨大變化時，沒有能夠跟上步伐。

當然，在行業趨勢變化快速的今天，想要跟上外界的變化並不容易，與其踩點跟上外界變化，不如找到自己的特長所在，在你做過的每一份工作和專案中，慢慢發現自己的優勢。例如：你的組織能力很強，善於溝通協調；你的創意點子很多，總能想出創意爆棚的策劃案；你的寫作能力很出色，是部門裡數一數二的筆桿子。這些都是你的核心能力，是你在職場中安身立命的本事。找到這些優勢之後，就下功夫繼續錘鍊自己，不斷提升自己。

有些人可能會說：「每天工作很忙，我如何進一步提升自己呢？」對於有心想提升自己，卻抽不出時間的人，我會推薦你用「80/20法則」，也就是把百分之八十的時間或精力，拿去做別人期待你該做的事情，說白了就是完成你在自己崗位上該完成的事情。另外的百分之二十，就幫自己安排一些提升自己能力的事情。

不少知名的企業都鼓勵員工這麼做，像是Google有所謂「20%時間」（20% time）的計畫，允許工程師每週可用百分之二十的工作時間，做一些核心工作以外的創新活動，開發自己感興趣的項目，而不是把所有時間都花在被分配的任務上。好幾個Google很成功的產品，像是Gmail，就是工程師利用這段自由創新時間發想的產物。

你待的公司不一定有這樣的彈性，但這並不表示你不能把這個法則套用在你的工作上。你可以稍微做一些轉換，像是百分之八十的時間用傳統方式處理你工作上的任務，剩下百分之二十的時間用來做一些創新，例如學習一些更高效的方式來完成工作上的任務，或是向更有經驗的前輩學習，都是很不錯的做法。

像我就很常用這個方法，對我來說，這百分之二十的時間是一種獎勵，並沒有壓縮到我的工作時間，反而讓我更有動力想要完成該做的事情，這樣才有額外時間可以做一些我自己覺得有意思的事情。

課・後・總・整・理

從初入職場到職場成長期，每一個階段，都需要清晰的自我規劃。「喜歡」的工作不是找出來，而是創造出來的。當你越來越勝任，也就越來越有激情。記住，提升自己才是職場競爭的王道，當你擁有一項無人能比的優勢所在，你就會在職場擁有不焦慮的安全感。

思考題

你現在處在職場的哪個階段，你對自己未來的規劃是什麼呢？

Lesson

20 面向未來，創造工作而非尋找工作

你想過自己退休後的生活是什麼樣的嗎？

或許大多數人都希望自己六十歲退休之後，能夠有錢有閒，拿著足夠的養老金，蒔花弄草，周遊世界。但在老齡化加劇到來的今天，假如我們能活到一百歲，你知道我們未來的生活和工作將會面臨怎樣的改變嗎？

如果你能夠活到一百歲……

在倫敦商學院林達．葛瑞騰（Lynda Gratton）和安德魯．史考特（Andrew Scott）兩位教授所合寫的《100歲的人生戰略》（*The 100-Year Life: Living and working in an age of longevity*）這本書中提到，人類已經全面進入長壽時代，從我們這代人開始，活到一百

歲將是稀鬆平常的事情。隨著壽命的普遍延長，我們的人生格局也將發生巨大改變，你可能到五十歲還要學習新的知識，七十歲還在上班工作，八十多歲才能退休。

八十多歲才能退休？聽起來讓人有些沮喪。我們現在努力工作，不就是為了年紀大的時候能夠有保障一些嗎？假如我們到八十多歲還得要繼續工作，那個時候體力大不如前，又能做些什麼工作呢？加上人工智慧的發展，許多職業將被取代，面對即將到來的未來，我們今天應該做哪些準備，如何重新規劃自己的職業呢？這堂課我們就來聊一聊終生職業規劃。

心理學小科普

台灣預計在二〇二五年進入超高齡社會，也就是每五個人中，就有一個超過六十五歲。此外，平均餘命也逐步延長，推估二〇五〇年將會到八十五歲（目前約八十歲左右）。如果這樣的趨勢沒有變動，再過一百年，平均餘命就有機會破一百歲，也就是說有一半的人都有機會活過一百歲。

高齡化是一個全球的趨勢，各國除了延後退休年齡，也積極修改中高齡就業相關規定，只是步調緩不濟急。而除了就業相關議題之外，各種退休金、醫療保險等社會福利，也都面臨嚴峻的挑戰。只是多數的人並沒有提早做規劃。以長照保險為例，女性投保率雖然較男性高，但只有百分之三點五以下，顯示大多數人針對長照需求尚未做規劃。若以中高齡就業率為指標，也會讓人有點擔心，根據行政院主計處的統計，二〇一九年台灣六十至六十四歲的就業率是百分之三十六點七，六十五歲以上只有百分之八點三，跟多數亞洲國家相比，都是偏低的。所以，大家真的要花點時間規劃一下自己的百歲生活！

目前社會福利制度是六十五歲可以申請退休，如果我們這一代人越來越長壽，能夠活到一百歲，那麼，六十歲就退休在家，意味著你的退休生活將會長達四十年，而這需要你儲備足夠多的養老金，來保證退休後的生活品質，否則就要延遲退休，繼續工作。這麼算下來，到八十歲退休的話，我們的職場生涯很有可能長達五六十年。在很多人普遍工作兩三年就會跳槽換一家公司的今天，聽到這個數字，你是不是很驚訝呢？所以，你對自己的職業規劃，不僅僅是看未來十年二十年會怎樣，還要為未來五十年做打算，樹立一種終生職業觀。

大家也不要覺得太有壓力，近年來有「第二人生」、「第三人生」的說法，就是鼓勵大家把這樣的壓力，轉變成像是重獲新生一樣的好事情。一想到人生可以重頭開始，就讓人有點興奮，因為重生的你，已經具備了足夠的經驗與能力，可以馬上就開啟自己的人生。

中年有轉機，不是危機

只是問題來了，你要在什麼時間點重生呢？

關於這點，沒有標準的答案。下面提供大家幾個參考資訊：一、英國華威大學經濟學教授安德魯・奧斯瓦德（Andrew Oswald）發現，人們對於工作的滿意度和年齡呈現一個U型曲線，並且會在三十八歲時觸底；二、不少數據都顯示，人們的幸福感和年齡之間也是呈現一個U型曲線，大概是在五十歲左右觸底。

也就是說，在四十至五十歲左右，很適合當作第一個重生的機會點。過去我們會覺得在這個時間點轉職，是呼應了自己的中年危機。但是有越來越多證據指出，中年危機應該要改稱為「中年轉機」。一項長期追蹤美國中年生活發展（Midlife in the United States, MIDUS）的研究調查顯示，人們是用很正面的態度看待這個年齡區段的轉變，很多人有機會去圓夢、去學習等等。

所以，你不應該給自己設限，覺得自己就該在現在的工作崗位上，一直工作到退休。這樣的做法，不是反映出你對於這份工作的熱忱、忠誠，而是說明了你是一個懶惰、不願意做出改變的人。面對時代的快速變遷，新科技發展蓬勃，我們都該與時俱進，而不要認為自己可以終其一生，就只會做一件事情。

在了解終生職業觀的具體概念後，要如何落實到日常生活中呢？以下有兩個建議提供大家參考。

結合自己的核心能力，提早謀劃下一段職業

第一個建議是結合自己的核心能力，提早謀劃下一段職業。

像歌手劉若英，一開始是想成為音樂人，結果陰錯陽差地靠著演電影出道。她的歌手生涯雖然起步比較晚，但是後來發光發熱的程度，都讓人忘了她曾經演過電影、演過電視劇。

在當了媽媽之後，劉若英除了繼續歌唱事業之外，幾年前她也導演了自己的第一部電影《後來的我們》，在口碑和票房上都獲得很好的評價，還霸占了中國最賣座女導演的位置好多年。

在劉若英的身上，可以看到她一直有在規劃自己的下一段職業，我相信等哪一天她不想要露臉，我們就會看到更多她執導的電影，以及更多她創作的歌曲。另外，劉若英在電影方面的啟蒙導師張艾嘉，也是一個很好的例子，她一開始是演員出身，後來演而優則導，現在幾乎以幕後工作為主，比較少出現在幕前。

所以，在認真工作之餘，你可以想想自己下一份工作可能會是什麼，你現在的能力又有哪些部分是可以轉移到下一份工作的。

建立職業選擇組合，幫自己打造一份兼職

第二個建議是，著手建立你的職業選擇組合，幫自己在本職工作之外，再另外打造一份兼職工作。

我們都知道買股票最好能有組合選擇，這樣更保險。工作規劃也是一樣，當你有本職工作的同時，還有一到兩份兼職，就會比別人擁有更強的抗風險能力。

這裡我想分享一下自己的故事。大概在十年前，我利用工作之餘，開始做心理學的科普。嚴格來說，並沒有人要求我去做這件事，我也沒有把它當成一份工作，只是單純希望能讓更多人因為心理學受益，我認為身為大學教授有這樣的社會責任。

在我所做的心理學科普中，有一個部分和老年人心理相關。我帶著學生一起經營一個以銀髮族為對象的科普平台，介紹跟老年人有關的研究、社會新聞等等，而且連續好幾年，我們都在這個平台號召大家一起寫賀年卡寄給有需要的老年人。老實說，我其實不太知道這件事情到底有多大的影響力，直到有一年，我們因為一些情況，沒有辦法做這件事情，陸續有網友表達遺憾之情。我這才知道，原來這件事情對一些人是有影響的。後來，在我們恢復這個活動的那年，有位在機構的護理人員拍下老人家收到卡片時臉上快樂的笑容，告訴我們，院裡很多老人收到卡片後，常常都是反覆閱讀，非常珍惜這樣的祝福。

做這件事，不僅給了我職業上的幸福感和成就感，也給我帶來很多意外的機會。當有了很多支援的受眾之後，我被邀請做講座、開工作坊、出書。對我來說，最自豪的部分是，我可以不用靠著大學教授的光環，而是用我自己創造出來的作品來說話，用它們來代表我自己。

其實像我這樣的人有很多，在本職工作之外，做一份兼職工作，等到時機成熟，就可以順利轉型。

英國有一個幫人介紹兼職工作的平台（Capability Jane）曾經做過一份調查，顯示二〇〇〇年以後出生的世代，在求職時有超過九成的人會把彈性當作首要考慮；有八成女性以及五成的男性，下一份工作都希望能夠更有彈性；更有三成的人，寧願要有彈性的工作，也不要比較多的薪資。

既然未來多段式人生會成為一種常態，那麼你在工作之餘就要更充分地挖掘自我潛力，發現更多可能性。比如你的表達能力很強，是否可以選擇一個熟悉的領域，嘗試拍些影片，做直播分享，把自己的故事和經驗分享給大家。說不定，這些都能為你以後的職業生涯推開一扇新的大門。

課・後・總・整・理

過去很多人終其一生都在同一家企業工作，這樣的事情未來將會越來越少。結合自己的核心能力，提早謀劃下一段職業，或是安排一個跟自己工作有附屬關係的兼職，透過這樣的方式來探索自己職業生涯的可能性。唯有持續挑戰自我，嘗試新的可能性，你才不會被潮流所淘汰。

思考題

有沒有一個職業是你一直想要從事的，可是一直沒有去做？為什麼呢？

Lesson
21
不想工作，如何拯救職業疲勞？

請問，你目前所有的從業經歷中，在一家公司工作年資最久是多長時間？有五年嗎？是不是八年都算長的了？那你知道金氏世界紀錄中，在同一家企業工作最久的人，在那裡工作多少年嗎？答案是：八十一年又八十五天。創造這個紀錄的是一位巴西人，瓦特・歐斯曼（Walter Orthmann）。他從十五歲就在一家紡織公司上班，一開始是當送貨員，後來成為營銷經理。直到二〇一九年，高齡九十六歲的歐斯曼才離開這家他工作了逾八十年的公司。

對大多數人來說，在一家企業工作八十多年，簡直有些難以想像。特別是在職業變換頻繁、雙向選擇極其容易的今天，大多數人可能三四年就會換一份新工作。為什麼我們很難長時間待在一家公司呢？這背後的原因有很多，一個比較普遍的原因是職業倦怠，也就是對當下的工作失去了新鮮感。

你，成了企業睡人了嗎？

你是不是也有過像這樣的經歷？在一家公司工作一段時間或者幾年後，依然做著重複的事情，感覺身心俱疲，能量被掏空。每天上班就像上刑場，什麼事也不想做，什麼人也不想理，就只想耍廢。好不容易做完工作，終於熬到下班，第二天卻又開啟了這樣的死迴圈。

為什麼我們會時不時的感到職業疲倦，感覺很虛脫，整個人完全提不起動力？有什麼方法可以緩解這種疲勞感嗎？

職業倦怠，英文是occupational burnout，burnout有燃燒、耗盡的意思。最早是由德裔美國學者赫伯特・弗羅伊登伯格（Herbert Freudenberger）提出的，當時之所以提出這個概念，主要是關心教師、醫護人員等高強度的從業工作者。而今日，隨著當下激烈的行業競爭，朝九晚九，每週工作六天的工作模式，加上房價和物價等社會經濟壓力等原因，職場上有越來越多的人承受著內外雙重壓力，自嘲是「社畜」，時常處在一種無法擺脫的「職業倦怠」中。

心理學小科普

赫伯特・弗羅伊登伯格是一位心理師，根據實務經驗，提出倦怠（burnout）這個概念，也是最早提出這樣想法的其中一人。他認為，倦怠是一種因個人職業生涯所導致心理與生理上的耗盡狀態。後來，他和蓋爾・諾斯（Gail North）把這個過程分為十二個階段：1強迫證明自己、2更加努力的工作、3忽略需求、4衝突轉移、5價值觀重組、6否認暴露的問題、7退縮、8迴異的行為改變、9人格解體、10內心空虛、11憂鬱、12倦怠。

由於倦怠這個議題實在太重要了，國際上有很多標準化的倦怠測驗，其中馬斯勒職業倦怠量表（Maslach Burnout Inventory, MBI）是目前使用最廣泛的，現在也有多種不同的版本，包括針對醫療人員、教育工作者等版本。這個測驗雖然多次被翻譯成中文，也用在研究中，但迄今還沒有正式推出中文版。

有一本關於職業倦怠的書，在台灣翻譯為《企業睡人——擊敗職業倦怠症》（*The Truth about Burnout*），我覺得用「企業睡人」這個說法，是很貼切的描述，也就是說，你雖然身體在這個企業中，但由內而外感受到一種疲勞感、無力感，甚至還可能有厭惡感。

這種倦怠感很難說清楚，但又有非常明顯的表現。社會心理學家克麗絲汀・馬斯勒（Christina Maslach）認為，嚴重的職業倦怠主要表現在三個方面：

嚴重的
職業倦怠三表現

⑴情緒衰竭

這是最明顯的一個表現。對工作完全提不起勁，只要想到要去上班，就覺得很沮喪，哪怕是去休假幾天，都沒辦法調整過來。我們常說「感覺身體被掏空了」，大概就是這種感覺。這種疲憊感，不僅是身體累，更是心累。（正看到這段的你，對現在的工作有這樣的感受嗎？）

⑵去人性化

就是當你處在職業倦怠期時，對待周圍的人態度比較冷漠，工作上也比較敷衍了事，好像看誰都不順眼，無論是老闆、同事，或者是客戶，總是迴避和他們溝通交流，只想快速逃離當下這個環境。（回想一下，當你處在倦怠期時，是不是有同樣的感受？）

⑶ 成就感很低

無法從工作中獲得滿足感和成就感，經常認為自己的工作繁瑣枯燥，毫無價值，覺得自己無法發揮個人才能，沒有獲得成長等等。

以上三個表現總結成一句話就是：「心好累，不高興，我不行。」今天的社會，誰都逃不過職業倦怠，有一份調查報告顯示，中國的職場工作者百分之七十有輕微倦怠，百分之十三的人有重度職業倦怠。如果你覺得自己也有些職業倦怠的跡象，可以試試看下面介紹的兩個方法。

每天做些微改變，用創新沖淡「老牛推磨」

職業倦怠雖然心理上讓你感覺很疲憊，但行動上卻不能怠惰，任由自己躺在那邊耍廢，這樣只會更加深你的倦怠感。

所以，第一個緩解職業倦怠的方法是，停止機械搬磚，每天做些微改變，用創新來沖淡「老牛推磨」。

改變方法

我曾經聽過這樣一個故事。一個在大學念國際經濟貿易的女生，大四的時候到一家外貿機構實習。原本她很期待能夠在這裡施展手腳，沒想到主管分派給她的任務，卻是貼發票。每天早上，她從財務部取來厚厚一摞發票，做好分類之後，再用膠水平平整整地貼好。周而復始，貼到第三十天，她有些坐不住了，心想：「我來這裡是學東西的，天天讓我坐在這貼發票，不是浪費人才嗎？」

於是這個女生找到她的主管，提出想要辭職的想法。那是一位三十多歲的女性主管，人很和藹，聽完她的話之後，什麼也沒說，把自己的筆記型電腦拿過來，打開一份EXCEL表單，跟她說這是自己十年前做的一份工作表單。當時她和這位女生一樣，去企業實習的時候，被分配的工作也是貼發票。每天重複做一樣的事情，讓她心生厭倦，覺得學不到東西，也動過辭職的念頭。

有一天，她貼完發票沒事幹，想說要不乾脆把這些發票統計一下，也能順便提升自己對辦公軟體的使用能力。於是她打開EXCEL表單，把經手貼過的發票都做了統計整理，一個月下來，她發現有些跟這家企業關係並不密切的小機構，在不斷的追加貿易訂單，而一些原本公司非常重視的VIP客戶，貿易訂單卻嚴重下滑。她把這份統計資料發給了部門經理，並提出了針對性的建議——她建議公司將注意力轉移到那些小機構上，維護好客戶關係。果不其然，這個建議被公司採納，而她也被提拔重用，畢業後留在這家公司。主管說完自己的故事後，跟這位女生說：「螺絲殼裡做道場，只要有心，再枯燥的工作，也能做出不一樣的成績。」

沒錯，當你機械化重複每天的工作時，很容易產生倦怠感。如果你能主動調整，做些新的嘗試和改變，就能恢復新鮮感。儘管有時候我們無法改變自己工作的內容，但是沒有人說你一定要用同樣方式完成這個任務，若你每天都做出一些小改變，你可能會發現其他更高效的方法。例如，運用一些小工具，讓你處理數據的時候更高效；或者整理一份SOP，讓作業流程更順暢。

調整心態

除了在方法上做改變之外，心態上也可以做些調整。你要知道職業倦怠並不可怕，它就像二十一世紀的職場感冒一樣，是一種流行病，沒人能夠倖免，也沒有特效藥可以完全根治。

你需要學會和這個老朋友打交道，當它階段性出現的時候，正視它，調節它。就像對待感冒一樣，知道它又來了，告訴自己說：「哦，你又來了呀，來吧來吧老朋友。」當你能用這樣的心態對待職業倦怠，它就不會那麼可怕和嚴重了。

三明治工作法

假如你在心態上有所轉變，也嘗試在工作中做出些微改變了，但行動上還有所欠缺，「倦」的感覺少了一些，但「怠」還比較嚴重，推薦你試試第二個緩解職業倦怠的方法：「三明治工作法」。

這個方法是時間管理專家伊莉莎白．葛瑞絲．桑德斯（Elizabeth Grace Saunders）提出的，所謂的三明治工作法，就是把自己喜歡做的事情，和自己不喜歡做的事情交替處理，就像三明治一樣，有土司、有餡料，交替堆疊，一口咬下去，營養滿點，非常美味。

桑德斯經常使用這個方法工作，就是在做自己喜歡的事情之前，要求自己必須完成一個自己不太喜歡，但是必須要完成的事情。就這樣一來一往，把不喜歡的工作也完成了，心情上自然也是愉快的。

這有點像很多人在吃東西的時候，喜歡把自己最喜歡的放在最後吃，道理是一樣的，就是用自己喜歡的東西當作獎賞，讓自己有意願與動機把其他比較不喜歡的東西吃完或是做完。

當你被工作中的一些瑣事困擾，提不起工作動力時，你也可以試試這個方法，將喜歡的事情和不太喜歡的事情歸類，然後交替進行，這樣枯燥的事情也就不會那麼難熬了。

課・後・總・整・理

在同一個工作崗位待久了，人難免對於一成不變的作息感到無趣，甚至厭惡。你可以每天做些微改變，讓一成不變的工作節奏有些新變化；也可以透過三明治工作法，在枯燥的工作任務中，安插一些可以讓自己開心的任務或是短暫休息，就能改善你的倦怠感。只要自己的心態對了，哪怕是在同一個工作崗位上待幾十年，都不一定會生出厭倦感。

思考題

假如你可以自由選一份工作，唯一的條件就是必須要十年不能換工作，那麼你會選擇什麼工作？為什麼？

Lesson

22

遠離職場「喪星人」，做好能量管理

我曾經收到粉絲的一則私訊，上面寫著：

揚名老師，我最近上班時總是提不起精神，體力下降很多，老是犯睏，每天焦慮、失眠，感覺自己天天疲於奔命，一點都感受不到工作的樂趣，我該怎麼辦呢？

我想不僅是他，很多職場工作者都有過這種喪喪的感覺。比如：早上起來，主管要你到辦公室參加會議，聽了半小時就開始走神；中午吃完午飯就犯睏，不睡一會兒，下午就沒精神；下午還沒到下班的時間點，就無心工作，感覺腦子好像僵住了，沒辦法思考複雜的問題。夜裡雖然身體很累了，但睡眠品質卻很差。

感到很累、很忙、很喪，沒有工作動力，這時候你需要做的是能量管理，讓自己恢復精力。

認識能量管理金字塔

什麼叫能量管理，具體又要如何做呢？

「能量管理」這個詞，最早是由心理學家吉姆．洛爾（Jim Loeher）和他的事業夥伴東尼．史瓦茲（Tony Schwartz）在《能量全開：身心積進管理》（*The Power of Full Engagement: Managing Energy, Not Time, Is The Key To High Performance And Personal Renewal*）一書中提出的。為了解釋它的內涵，洛爾建構了一個金字塔模型：請想像你頭腦中有一個金字塔，由下到上分為四層，最底層是「身體」，第三層是「情緒」，第二層是「心智」，最上一層是「精神」。

當你理解這個模型之後，就明白什麼是能量管理，以及為什麼我們要做好能量管理了。下面我們就從金字塔底層開始，由下往上，詳細了解每一層的具體含義。

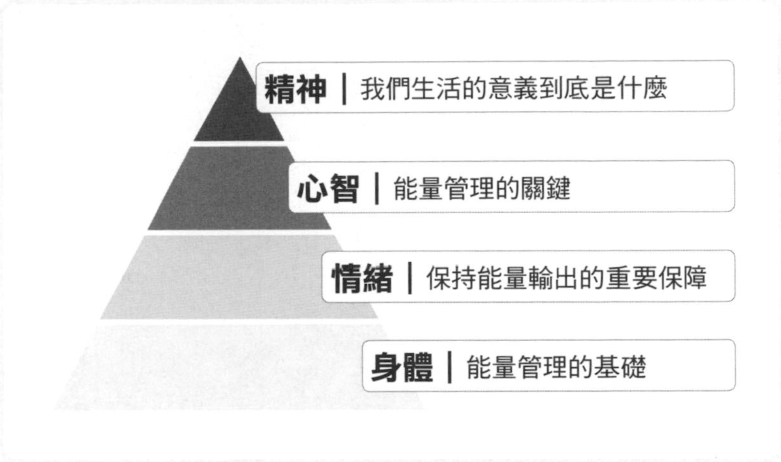

精神｜我們生活的意義到底是什麼

心智｜能量管理的關鍵

情緒｜保持能量輸出的重要保障

身體｜能量管理的基礎

最底層的【身體】，是能量管理的基礎。這很好理解，當你體能不行，身體素質差，也會很容易感到疲憊、精力不足。這就好比汽車有了引擎就有馬力一樣，體能好的人，心肺功能佳，大腦的供血供氧都會比較好，長時間持續投入工作也不會覺得累。

你看，世界上著名的企業家、職場精英等，百分之九十九都非常注重鍛煉身體。比如：大陸萬科集團創始人王石喜歡登山，阿里巴巴創辦人馬雲喜歡打太極拳，臉書創辦人兼執行長祖伯克（Mark Zuckerberg）喜歡跑步。只有保持充沛的體能，才能應對高強度的工作和學習。

接著往上看第三層【情緒】。你可能會疑惑情緒和能量有直接關係嗎？當然有。想想看，假如你今天早上出門遇到堵車，進公司遲到還被主管當面抓到，情緒一上來，心情不好，上午的工作肯定會受影響。但如果你早上起來神清氣爽，心情很好，這一天都會覺得能量滿滿，精氣神十足。

然後你再回想一下，在前面討論「情緒焦慮」的部分，我們提到過，大量的心理學研究顯示，情緒對於人的記憶力、決策力、認知能力都有影響。所以，**積極的情緒，是保持能量輸出的重要保障**。

如果說身體體能是能量管理的基礎，情緒是保障的話，那麼第三層的【心智】就是能量管理的關鍵。

因為只有你足夠專注，你的能量才能有一個有效的輸出，創造出有效的結果。否則沒有專注力，就好比是空轉的引擎，無法輸出能量，也無法收穫成效。高效工作和學習都需要深度專注，這甚至是專家和普通人最大的區別之一。

剩下一層是金字塔最頂端的【精神】，也就是我們生活的意義到底是什麼。當你找到它，**精神層面得到滿足，對某一件事懷有熱情，會激發自己最大的潛能，產生最大的能量**，在你完全投入時，根本不會覺得累，甚至是以苦為樂。

心理學小科普

吉姆．洛爾博士是全球知名的績效心理學家，在能量管理培訓上的成就享譽全球，出版過十多本暢銷書，其中《能量全開：身心積進管理》及《人生，要活對故事》（*The Power of Story: Change Your Story, Change Your Destiny in Business and in Life*）曾經在台灣出版。他曾與財富世界百大、五百大的客戶，像是寶僑集團（Procter & Gamble）、聯邦調查局（FBI）一起共事，提升員工的能量管理；也協助多位國際知名運動員，包括奧運競速滑冰金牌得主丹・揚森（Dan Jansen），獲得更卓越的表現。此外，洛爾也是美國人類行為表現機構（Human Performance Institute）的共同創辦人，這個研究院後來被嬌生集團收購，目前提供兩方面的課程：提升績效表現以及對抗壓力。他最新出版的著作《*Leading with Character: 10 Minutes a Day to a Brilliant Legacy Set*》強調一個人應該著重於發展個人的性格特色，找到自己的核心價值，如此才能建立自己的傳奇。

因為熱愛，所以堅持

我寫科普文章大概堅持了十年，很多人都很好奇，我怎麼會有那麼多時間來寫東西。上課做科研占用了我大部分的時間，回到家還要陪伴兩個孩子，幾乎沒有時間寫文章。後來，我找到了一個專屬自己的寫作時段，凌晨五點起床，寫到六點半孩子們起床。除非有特殊情況，基本上每天如此。

之所以能夠堅持到今天，並不是說我有多自律，而是我透過這件事找到了生命的意義，每一個讀者的留言和來信都讓我擁有成就感，因為我衷心希望心理學能夠幫助到大家，讓每一個人擁有更幸福的生活。因為熱愛，所以堅持。這從側面也證明了，意義感其實是能量的來源。

綜上所述，我們可以得出一個結論：一個人的能量主要來自充沛的體能、積極的情緒、較高的專注度，以及生命的意義感。

而在認識能量管理的金字塔模型，了解能量所涉及的四個層面之後，接下來要找到具體的管理方法就很容易了。

開源：增加能量促進因素

如果把能量比喻成一顆蓄電池，工作生活需要耗費你的能量，是放電的過程；而飲食、運動和休息，則是充電，補充能量的過程。想要電力（能量）滿格，就需要多充電、少耗能，也就是開源和節流。以下就從這兩個方面分享具體的方法。

一方面要開源，多充電，增加能量促進因數，也就是飲食健康、適量運動。

#飲食健康

正確的飲食方式和飲食結構，能夠讓我們在一天中保持充足的能量。比如：少量多餐，每頓不要吃太飽，如果吃得很飽，大量血液進入消化道，降低大腦的供血，就會讓你感到疲倦；其次是多吃綠葉蔬菜和高營養低熱量的食物，如果你不知道如何判斷，只要記得蔬菜、水果、堅果等都屬於營養高、熱量低的食物，而麵包、米飯、甜點等則屬於營養低、熱量高的食物；最後就是要多喝水，因為身體缺水也會產生疲勞。

#適量運動

世界衛生組織（World Health Organization, WHO）針對十八歲到六十五歲的成年人，推薦每週至少進行一五〇分鐘中等強度的運動，等於一週五天，每天半小時。如果想要做好高效的能量管理，每天就要運動一小時。

你可以找到一項自己喜歡並適合的運動項目，例如跑步、游泳、打球、跳繩等，哪怕是每天慢慢走段路，都有助於能量的恢復。如果你上班特別忙，沒有時間運動，我建議你不妨嘗試站著辦公，每工作一個小時，活動一下頸椎和手臂，或者做兩個深蹲，都能幫助你緩解疲勞。

節流：減少能量耗損因素

說完怎麼開源，我們接下來談節流，也就是減少能量耗損因素。這一節我想重點說一說消極情緒和虛無感。

走出消極情緒

你應該有過這樣的經歷，當你在工作時，被太多負面情緒纏繞，根本無法集中注意力去做事情。因為你的能量都被用來和情緒較勁了，沒有心思工作。怎麼辦？

這就要再回溯前面第六堂課介紹的「解套五步法」，也就是透過自我提問和反思的方式，將情緒可視化，最後從情緒中走出來。以下簡單列出五個提問反思步驟：（詳

細解說與範例，請參見〈如何才能成為情緒穩定的成年人〉一文六十八至七十頁）

第一步→我怎麼了？我有什麼情緒？【What】

第二步→我有這種情緒，原因到底是什麼，發生了什麼事？【Why】

第三步→我的需求是什麼，我要達成的目標是什麼？【Wish】

第四步→接下來我該怎麼做，如何行動？【How】

第五步→最後的結果是什麼？【Outcome】

當你從「想」變成「做」，從陷入情緒亂如麻的狀態，切換到行動時，雜亂的思緒會慢慢減少，專注力逐漸集中，你的能量就不會徒勞的和情緒較勁，開始轉移到工作上。下次，當你在工作中情緒如麻的時候，不妨試試看。

擺脫虛無感

「虛無感」和前面提到的「意義感」是相對的。當你覺得工作沒有意義、很虛無的時候，自然就像一顆洩了氣的氣球，沒有幹勁；而當你在做自己熱愛並且有成就感的事情時，會有取之不盡，用之不竭的能量，哪怕再苦再累，也會想辦法堅持下去。因此，如果你沒有找到自己的使命所在，沒有發現價值感，再怎麼學能量管理，也是治標不治本。

當然，人的使命是一生探索的命題，你可以在目前的工作中，去尋找它的價值和意義。

不管是幫助到某一個群體，還是方便了大家的生活，這中間有你的投入和參與，都有小小的價值。當你在工作的時候，想像著某個群體因為你而受益，那麼你可能就會更有動力。所以，多去挖掘自己工作的價值，讓你的付出有意義，無形當中會帶給你莫大的力量和支援。

課・後・總・整・理

人生是一場馬拉松，充沛的能量能幫助你跑得更加持久。所謂天生精力旺盛的人，都是特別會管理能量的人，他們充電快、耗能低，能夠持久待機。

能量管理是一門終生的功課，希望你從今天開始，行動起來，也能成為一個能量充沛的人，活出生命的品質。就像在缺水時期，我們可以透過人造雨來開源，同時，也利用限制用水，來延長水庫的供水時間一樣。所以，除了提升自己的能量之外，怎麼節流也是很重要的，雙管齊下，才能幫助你長久在能量滿滿的狀態。

思考題

如果讓你說出自己目前工作中的兩點意義感，你覺得是什麼？

Lesson 23

所謂捷徑，是在自己擅長的領域做到極致

你聽說過「職人精神」嗎？它形容的是那種能把事情做到極致，並且不斷超越極致的精神。

例如九十歲的「壽司之神」小野二郎，一輩子只做壽司，他的壽司店出名到日本首相安倍晉三在這裡款待歐巴馬。再比如日本的「天婦羅之神」哲哉，天婦羅是日式料理中的一種油炸食品，哲哉五十五年來只做這道菜，炸了三千萬個天婦羅。

日本是最推崇職人精神的一個國家，一輩子只做一件事的人特別多，還有節目專門介紹這樣的人。節目中展示了各種各樣擁有一技之長的普通職人，比如做木工的、陶藝的、茶道的……等等。其中令我印象很深的一位職人，把手工紙經過幾百次反覆擠壓，最後在紙上留下了獨一無二的痕跡。這樣的紙張被用在產品包裝、玩偶身上的和服，或是傳統日式拉門上。

他們都是在一件事情上磨礪幾十年，擁有一流的技藝，並且有修為的職人。能夠做到這樣，真的很不容易，特別是在提倡斜槓的今天，我們往往很難在一件事情上始終如一，堅持到老。那到底是應該在不同領域都有所涉獵，還是應該在一個領域內努力鑽研呢？

這個問題，我從我的博士班導師英國約克大學的巴德利教授身上得到了答案。那就是：當你確定自己的方向後，就應該在一條道路上努力耕耘，爭取成為這個領域的佼佼者。

巴德利教授六十年來一直都在做和記憶相關的研究，把人的記憶系統探究得非常透徹，也因此有「工作記憶模型之父」的稱號。因為足夠深入，他對其他領域的知識能夠觸類旁通，而且一通百通，對於其他領域也有深入的觀察和了解。所以，他每次旁聽其他領域的研究會議時，總能提出發人深省的問題。

看到這裡，你可能會有點疑惑，之前我不是鼓勵做斜槓青年（請參見〈你離找到真實的自己還有多遠？〉一文），多跨界，多嘗試嗎？怎麼現在又說專精在一個領域就好了呢？這不是互相矛盾嗎？

其實不矛盾。成功的斜槓人才，都是在自己擅長領域有了一定程度的積累之後，在此基礎上再往外拓展。

十年磨一劍的堅毅內斂

十年做一件事情的人，和一年做十件事情的人，註定命運截然不同。很多人由於頻繁換工作，職業軌跡雜亂無章，是零星分布的點，無法形成一條主線，更無法形成勢能。而有些人偶有拓展，但他們的職業軌跡有規律可循，基本都在一條主線上。

如果你只是急於當個斜槓青年，卻什麼事情都不專精，沒有一項可以安身立命的技能，很快就會被取代。反觀那些在特定領域專精的人，穩穩地走，反而職業發展的道路越走越寬。

比如享譽國際的書法家董陽孜，曾專注在書法領域多年，其作品總讓人覺得充滿生命力。她堅持即使同樣的字句，也不能用同樣的方式呈現，在她筆下，中文字的美是可以透過很多不同型態展現的。

近年來，董陽孜不滿足於現狀，陸續做出了很多跨界的努力，像是與服裝設計師合作，用書法作品來啟發服裝設計的創作。還有一次，是把書法作品和音樂做搭配，用文字來呈現音樂的律動，都激發出了很棒的火花。

所以，在你想走捷徑，不斷超近路時，不如做減法，**老老實實在一件事上修鍊自己，達到專精的狀態**。想要成為真正的高手，最關鍵的一步就在於熟悉並掌握這個行業或領域的模型或套路。當你掌握這些核心能力後，再適時遷移到其他領域，透過不斷修鍊和遷移，直到擁有獨一無二的競爭力。

心理學小科普

到底要專精在一個領域，還是要成為跨領域的斜槓人才呢？這個議題長期以來一直都被討論，我在前面幾節也提到了刻意練習的例子，這邊我想分享比爾蓋茲在他二〇二〇年冬季書單中推薦的一本《跨能致勝：顛覆一萬小時打造天才的迷思，最適用於AI世代的成功法》（*Range: Why Generalists Triumph in a Specialized World*），或許能夠給大家一些啟發。

比爾蓋茲認為微軟的成功，就在於他們網羅人才時，不僅看重一個人的專業能力，也看重廣度，也就是一個人對於不同領域的涉獵與整合能力。所以，當你在追逐一個領域的專才時，記得提醒自己，也要對其他領域有一些涉獵，多思考自己的專業在其他領域能有什麼樣的發揮。往往你會發現，領域之間有很多的共通性，絕對不是那種井水不犯河水的關係。

那麼，如何才能讓自己在擅長的領域中成為一個厲害的人呢？

以學徒心態刻意練習，向導師學習內隱知識

第一個方法是，以學徒心態刻意練習，向導師學習內隱知識。

曾被譽為「印度洋上最偉大廚師」的米其林餐廳主廚江振誠，在紀錄片《初心》當中，提到自己在蒙佩利爾（Montpellier）普賽兄弟所開的感官花園餐廳，從學徒開始做起，直到九年後，成為主廚一段時間，才離開這間餐廳。

對現代人來說，要跟同一位導師學習九年，真的很難想像。但是很多寶貴的知識，都不是在傳授知識的時候，傳授者會主動或有意識提到的。就像你照著食譜做菜，心中一定會有很多的疑問，比方說你想要做獅子頭，食譜寫說要用刀背拍打豬絞肉，然後摔肉讓它出筋。這麼簡單的一個指令，就有很多不同的做法，像是用刀背拍打肉，刀是要拿垂直，還是跟肉平行去拍打；或者是摔肉要怎麼摔，是分成小團去摔，還是一整塊去摔呢？

食譜當然可以把每個細節都鉅細靡遺寫出來，但是這樣的食譜恐怕沒有人會想要拿來做參考。這也不是大家的錯，因為我們的大腦有點懶惰，不喜歡花那麼多力氣學東西。可是，如果你是跟著一位大廚學習做獅子頭，你可能一開始還只能幫忙洗碗、備料。但有心的你，在這些過程中，都可以透過觀察來學習，久而久之，當你有一天真的要開始做這道菜的時候，你早就從大廚身上學到很多眉角了。

所以，在確定了自己的職業方向後，有機會的話，建議你盡可能找到這個領域的高手，耐著性子跟他們貼身學習。看他是如何做事做人、如何解決問題的，從他那裡汲取養分，讓自己快速成長。

心理師成長法

當你經過刻意練習，順利出師之後，在往後的職業生涯中，如果你想要繼續保持職人心態，不斷超越自己，我會推薦你開始嘗試第二個方法。我把它稱之為「心理師成長法」。

具體是什麼意思呢？有些人可能對心理師這個行業不太了解，一位成熟的心理師需要多年的學習和實踐，他們即使取得了執業執照，能夠接待來訪者，也需要找一位督導進行督導考核。也就是說，一位心理師，他既是一個學習者，需要不斷進修學習；還是一個實踐者，給來訪者提供心理諮商的服務；除此之外，他還是一位大師，給另外一位同行擔任督導，為他解疑答惑。學習者、實踐者、大師，**心理師在這三種角色和身分中來回切換，讓自己得到全方位的成長和鍛煉。**

不論你現在的身分是什麼，職業是什麼，你也可以採用同樣的方法。例如根據自己的行業和工作，想想看：

如果你是「學習者」，你還需要做哪些事情提升自己？（比如報名進修班，或者參加線下工作坊，了解行業最新發展。）

如果你是「實踐者」，你需要在實踐的過程中得到哪些技能上的提升？（比如優化工作流程、提高做事效率等等。）

如果你是「大師」，你可以給別人提供什麼幫助？（比如你可以在自媒體帳號中分享自己的工作經驗，或者提攜剛入行的新手，給他們一些成長建議。）

當你這樣做的時候，你會發現自己的格局更大、眼界更寬，同時擁有三種看問題的角度和思維，比悶著頭學習或做事，更容易自我突破。

課・後・總・整・理

一棵參天大樹，成長之初，一定是先深深扎根，然後才開枝散葉。如果一開始就想著拓展領域和地盤，肯定不會長成一棵大樹，只能是一堆灌木叢。

對於我們普通人來說也一樣，在找到你擅長的職業方向之後，透過刻意練習，讓自己成為一位高手，成為越來越好的選擇。希望這堂課內容能對大家有所啟發，早日確定自己的方向後，不斷提升自己，成為一個領域中真正厲害的人，然後再開疆擴土，跨界提升自己。

思考題

你有想過要成為哪個領域的專家嗎？你覺得怎麼做才能實現這個目標？

Lesson

24 如何保持工作與生活的平衡？

一位三十多歲的職場媽媽發了一封私訊給我，說她是一個工作狂，生完孩子沒多久就回去上班，希望趁著年輕，能夠再往前衝一衝。但這份工作需要經常加班、出差，忙到她已經很久沒時間陪孩子了。這次出差一週回來，抱孩子的時候，兩歲的兒子竟然對她很陌生，讓她非常自責。她在信中問我，「都說完美的職場女性能夠平衡好生活和工作，我怎麼就做不到呢？」

我非常理解她的處境，這是很多職場媽媽面臨的共同困境。當時我原本想推薦她一些自我調節的方法，但猶豫半天，還是決定戳破實情，讓她放下對完美職場女性的想像。於是我回覆她說：「職場媽媽很難同時兼顧好事業和家庭，妳不必因為自己沒做好而自責。」

之所以會給她這麼務實的建議，是因為我看過美國普林斯頓大學榮譽教授安・瑪莉・史勞特（Anne-Marie Slaughter）的一篇文章〈為什麼女人不能擁有一切？〉（*Why women still can't have it all*）。在這篇文章中，她提到自己擔任美國國務院政策規劃司司長那兩年，工作實在過於忙碌，以至於她根本無法兼顧家庭，特別是她兩個孩子的教養。她在文章中提到，雖然她還是相信女人（包括男人）可以什麼都有，但她不認為在現行體制下，這件事情是有可能發生的。

以「和諧」取代「平衡」

生活和事業，就像是小丑雜耍時手中拋起的球，一旦出現任何意外，就打破了原本的平衡。為什麼魚與熊掌無法兼得，生活與工作無法保持平衡？在這種情況下，我們還能做些什麼嗎？

我們先來看看為什麼生活和工作很難達到平衡，背後一個很重要的原因，是因為平衡本身就是一個偽命題。「平衡」這個詞，它割裂了工作和生活的關係，把兩者對立起來。

情緒焦慮
選擇焦慮
成長焦慮
職業焦慮
關係焦慮

社會學家崔西．布勞爾（Tracy Brower）曾說，平衡是一個很局限的概念，它讓我們人為地把生活和工作對立起來。想想看，當你說要保持工作和生活的平衡時，你是不是把它們放在天平的兩端，就像坐蹺蹺板一樣，呈現非此即彼的關係？

其實，工作只是你生活的一部分，兩者是無法分割的，而在工作上收穫成功的果實，也會提高你的生活幸福感。

語言的使用會影響我們的思考方式，你可以試著把「平衡」一詞換成「和諧」。就像全球首富、美國亞馬遜公司創始人貝佐斯（Jeffrey Preston）曾說過，比起「工作與生活的平衡」，他更喜歡「工作與生活之間保持和諧」這個說法，因為他認為平衡就意味著嚴格的權衡，而和諧則是讓兩者更好的融合在一起。

絕對的「平衡」並不存在

其次，布勞爾認為試圖平衡工作和生活，只會給你增加更多的不安全感。因為「平衡」這個詞，代表著一種隨時會被打破的平靜狀態，而我們的生活充滿了不確定性。也就是說，平衡是一種動態調整的過程，絕對平衡的狀態根本不存在。

其實這也很好理解，比如你希望工作保持全勤，但今天孩子生病，你為了孩子不得不請假一天。再比如，你希望週末能夠給家人高品質的陪伴，帶孩子出去玩，但主管突然通知要加班，你不得不擱置出遊計畫，回到公司加班。生活總是充滿各種不確定性，**隨時打破你努力維持的平衡狀態。如果你強行追求平衡，只會讓自己精疲力竭。**

所以，我想勸告那些努力維持生活和工作平衡的職場人士，特別是辛苦的職場媽媽們，放下完美心態，平衡是個難以企及的神話，不要再自我為難和較勁。

心理學小科普

崔西．布勞爾是一位社會學家，她的經歷相當多元，除了擁有密西根大學社會學博士學歷之外，另外有組織文化管理以及企業不動產的碩士學歷。長年在企業擔任顧問的她，和辦公室家具特別有緣分，曾任職人體工學椅知名品牌Herman Miller長達二十年的時間，現在任職的Steelcase也是。不過，她在這些家具公司的工作都不是跟家具直接相關，而是與企業組織文化有關係。她認為我們追求工作與生活的平衡，有著本質上的錯誤，兩者關係不僅僅是在天平的兩端，而是更多的。她第一本書《*Bring Work to Life by Bringing Life to Work*》的書名就說明了工作與生活之間的關係錯綜複雜。二〇二一年即將出版的第二本書《*The Secrets to Happiness at Work*》，則是希望協助人們在工作中找到快樂的秘訣。

而既然很難達到平衡，是不是意味著我們就不用努力了呢？不是的，我們可以用一些方法讓生活和工作更和諧。

階段性調整重心，創造動態平衡

第一個方法是，階段性的調整重心，創造動態平衡。怎麼做呢？你可以根據自己階段性的人生目標，交替做出讓步，選擇某一個階段把家庭做為重心，或者把工作做為重心。

奈吉．馬許（Nigel Marsh）曾在TED做過一次演講，非常受歡迎，主題就是「怎樣達到工作和生活的平衡」。在演講中，他分享了自己的真實經歷。

馬許曾經事業有成，但他卻感到壓力沉重，體重嚴重超標，而且處理不好自己的婚姻，以及和四個孩子的關係。他在演講中提到，自己「吃得太多，喝得太多，工作太努力，忽視了家庭」。他意識到這樣下去不行，所以辭掉了工作，專注跟妻子和孩子相處一年。

雖然這一年中，他覺得日子過得還不錯，但是馬許並沒有學會怎麼保持工作與生活的平衡，他只是因為沒有在工作，所以找回了生活。他認為如果你工作與生活之間出了問題，不要貿然辭職，尤其是在你沒有經濟基礎的情況下。「我們需要的是在問題中解決問題，而不是逃避問題。」

馬許在演講中建議，不要拿一天的時間為單位，要求自己實現工作和生活的平衡。因為總會有各種各樣的突發狀況。把單位時間拉長，放在一個月、一年、甚至幾年的時間週期內，讓自己實現階段性的平衡。

仔細想想，確實是這樣，不是嗎？我們每個人在不同的人生階段，有不同的人生命題需要完成。不要試圖做到事事完美，給自己做減法，把每個階段中最重要的任務完成即可。

例如剛開始踏入職場，你需要以工作為重心，完成自己的職業探索，找到職業方向；結婚生子之後，你需要把一部分精力投入在家庭照顧、親子關係的維繫上。你可以給自己制定一個三年或者五年規劃，把時間和精力階段性投入在某一個方面，然後再交替讓步，慢慢實現你的工作和生活目標。

做好時間管理，提高做事效率

除了階段性的按照規劃目標調整重心，日常生活中，如果你的做事效率越高，就越能兼顧好生活和工作。所以，接下來要介紹的第二個方法，就是做好時間管理，提高做事效率。

#先把時間安排給「大石頭」

日本有一位婦產科女醫生叫吉田穗波，她在二〇一三年出版了一本書《就因為「沒時間」，才什麼都能辦到》，分享自己怎麼養育四個小孩，同時還拿到哈佛學位。她在書裡面提到一個石頭理論，就是說我們要把自己擁有的時間資源，當作是一個可以裝石頭的容器，在做時間規劃的時候，首先要把一定要做的事情填上，也就是把大石頭放進去；當這個容器沒辦法再放進大石頭時，你可以改放小石頭，就是比較次要的事情；而當這個容器連小石頭也沒辦法放的時候，你可以改放沙子，也就是更不重要的事情。

吉田穗波每個星期一的凌晨三點，會把自己一週的行程都先規劃好，也因為她用了這樣的方法，讓她可以完成比別人還要多的事情。我覺得一個人的行程從凌晨三點開始，真的是有點早，如果不是像吉田醫生一樣的人，大概很難照這樣的方式來做時間管理。

在別人眼中，我也算是一個時間管理很好的人，我的做法某部分來說和吉田穗波有一點像，就是我會先把最重要的事情放進行程中，然後我會從空檔去做規劃，思考還可以利用這些時間來做什麼，以及問自己有哪些事情是需要捨棄不處理的。

另外，我在做時間規劃時，也會依據事情的屬性來做安排，有些事情會安排長一點的時間，有些安排短一點的時間。很重要的是，我一定會保留一些彈性時間，而這些彈性時間是以備不時之需，或者是當事情都完成的時候，這就是我可以拿來休息的時間。

時間管理是一項很重要的人生技能，特別是當你處理的事情比較多、比較雜的時候，更要練習這種能力。依據任務的重要性與急迫性，做好規劃與安排。要事在前，先把重要的事情解決之後，再去做其他事情。

分階段設定達標的時間

此外，在規劃的時候，也要設定這段時間要達成的目標，任務若不是一次就能夠完成，就要切割成不同的里程碑。一旦安排了這一個小時要做什麼事情，最好就只做這一件事情。這樣做的好處是：

第一、你可以更專心的處理一件事情，會比較有效率。

第二、一段時間之後就會轉換做另一件事情，你不會容易產生倦怠感。

第三、每件事情都有一定的進度，你會比較有成就感，也不會感到慌亂。

課・後・總・整・理

平衡工作與生活是一件相當困難的事，事實上根本很難達成。但是，你可以告訴自己，在人生的某些階段，工作要占比較重要的位置，而哪些時候生活又要占比較重要的位置，不要求自己一定要時時刻刻維持平衡，這樣壓力反而會比較小。

除了調整重心之外，如何管理自己的時間也很重要。你要練習做選擇，把事情依據重要性排序，來安排處理的優先順序，而不是齊頭式的想要完成所有事情。有些事情如果不是一定要由你來完成的，你就要把這件事情交給別人來處理，這樣你才有時間處理更重要的事情。

思考題

請回顧你上個星期的行程，幫這些事情排序，然後想想哪些時間可能浪費了，你又可以拿那些時間來做哪些其他的事情呢？

PART

5

關係焦慮

人都是群居動物，

從來到這個世界開始，我們就進入了關係的網，

需要處理各種各樣的人際關係。

有和同事的關係，有和家庭的關係，

有朋友關係，也有伴侶關係。

在接下來的內容中，我們就來一一探討這幾種關係焦慮。

Lesson 25

無論結婚還是單身，幸福都不依賴別人

這堂課要聊的第一種關係，大家應該都不陌生。

恐婚、剩男剩女、持續走低的結婚率……每次網路上只要出現這樣的婚戀話題，總會引起熱議。一方面，男生女生如果年過三十還沒結婚，往往會成為親朋好友議論的焦點，好像單身是一種罪過。但另一方面，在家暴、出軌、喪偶式育兒的新聞層出不窮的今天，很多人恐婚的情緒越來越嚴重。

對比起來，單身就一定會孤獨終老嗎？結婚就意味著自我犧牲嗎？單身和結婚，哪一個更幸福？

著名作家錢鍾書曾說：「婚姻是一座圍城，城外的人想進去，城裡的人想出來。」無論是單身還是結婚，都各有各的不得已。而我們應該如何理性看待這個話題？如何不依賴任何人獲得幸福呢？

無論進不進城都要愛自己

我們先來回答第一個問題，單身和結婚到底哪個更快樂？

美國學者李察·盧卡斯（Richard E. Lucas）曾經追蹤調查數百名已婚者和未婚者，經過長達十年的研究發現，結婚並不會顯著提高人們的幸福感。結婚之後，滿意度的提高也只是暫時的，是一種蜜月期效應，最後都會降回到同一水準。

另一項有說服力的調查研究，是由哈佛大學羅伯特·沃丁格（Robert Waldinger）教授所主持，有史以來歷時最長（共七十五年）的幸福感研究。這項研究發現：有愛**的親密關係，讓我們覺得人生更充滿幸福感和價值感**。請注意，關鍵詞是「有愛的親密關係」，也就是在健康的親密關係中，伴侶如果能夠給對方需要的大大小小的支援，雙方會覺得很幸福。否則的話，那些「有毒」的情感關係，只會給你帶來不幸。

綜合以上的心理學研究，你可以看出，婚姻並不會讓你變得更幸福。所以，無論是結婚還是單身，你都不要把希望押在別人身上，而是應該學會取悅自己，讓自己在任何一種狀態中都能獲得幸福生活。

心理學小科普

羅伯特．沃丁格是哈佛醫學院臨床精神病學教授，其專長是成人的發展與適應。在他的研究中，最著名的就是參與了格蘭特研究（Grant Study），這是一項哈佛大學發起的追蹤研究（自一九三八年開始），目的是要找出幸福的原因。

身兼麻省總醫院心理動力治療與研究中心總監的沃丁格，同時也是一位禪師，他認為打禪能夠讓我們釐清什麼是生活中最重要的事情。他在TED上的演講受到很廣大的迴響，但目前為止他除了出版教科書，還沒有其他相關出版品。不過，大家可以在他的部落格找到一些他的科普文章。另外，他也創立了Lifespan Research Foundation，宗旨就是希望協助個人以及組織可以過一個更充實、更有意義的生活。在個人方面，這個基金會主要提供自學的網路資源；在組織方面，他們提供顧問諮詢的服務，讓組織能夠打造一個對員工更友善的環境。

至於具體可以怎麼做？下面分別就單身和結婚兩種狀態，來談談我的建議。

讓自己有底氣保持完美單身

對於目前單身或者未來也希望保持單身的人來說，希望你能有底氣讓自己保持完美單身。所謂「有底氣」，是指經濟上獨立自主，精神上充盈豐富，讓自己過得精彩。

積累經濟基礎

日本NHK電視台曾經播出一檔節目《七位一起生活的單身女人》，記錄七位單身老太太的生活，她們的年齡從七十一歲到八十三歲，因響應一個名為「個個SEVEN」的同居企劃，一起買下了同棟公寓的七戶，組成了一個養老姊妹團。

平日裡她們一起旅行，春天一起賞櫻花，冬天一起泡溫泉。生活中缺什麼，或者遇到什麼困難，就互相幫助一同解決。她們化著精緻的妝容，溫暖著彼此的生活，過得比同齡人更加幸福。

如果平常有仔細觀察，你會發現，身邊那些能夠把單身生活過得風生水起的人，大都有一定的經濟基礎與物質保障。例如影片中的七位日本老太太，她們有的是NHK電視台的新聞播報員，有的是報社記者、廣告撰稿人，有的是心理師，年輕時都在各自的工作領域中非常努力。

所以，當你單身有大把個人可以自由支配的時間，你可以把這些時間全情投入在工作領域中，為自己的生活積累經濟基礎。有了經濟上的保障，你就可以不依靠任何人，讓自己的單身生活過得更有品質。

#培養個人興趣

除了經濟上的獨立自主，你還可以把時間花在興趣的培養上，比如學習瑜伽、插花，或者畫畫，讓自己的精神層面更豐富多彩。

像我最近看到一個日本女生的故事就很打動我。她是一個三十六歲的大女生，是一個普通的上班族，在單身公寓獨居了十一年，因為經常會在社群平台發文，分享一些生活技巧，擁有很多粉絲。她會用照片記錄自己的穿搭和自己做的美食，會介紹一年四季家裡房間的佈置，還會推薦一些很好用的收納工具。甚至她還出版了一本專門介紹獨居日常的書，透過她書中的文字和圖片，你能感受到她對於自己生活的熱愛，還有對生活的認真態度。

這個女生在我看來就是很幸福的人——她選擇把自己的生活設計得井井有條也很充實。我們身邊肯定也會有這樣的單身朋友，工作即使很忙，但能想清楚自己的價值所在，選擇把生活過成自己想要的樣子。

所以，單身並不意味著孤獨，一個人也能照樣收穫幸福。當你能在單身狀態中充分享受一個人的時光，更加了解自己，讓生活過得充實而有趣，在你碰到對的那個人之後，也能更好地經營親密關係，創造更加穩定幸福的生活。

保持獨立自我，學會取悅自己

談完了單身狀態時如何收穫幸福，接著我們再來看看，在已婚狀態中要如何取悅自己。

前一陣子我看了史嘉蕾・喬韓森（Scarlett Johansson）主演的《婚姻故事》（*Marriage Story*），影片講述的是一對夫妻從相愛到走入婚姻，再漸行漸遠，最後婚姻破裂的故事。這部電影非常真實的再現了婚姻裡的真相。當一個人走入婚姻後，無論再和諧的關係，都經不起日常瑣碎的反覆拉扯。特別是對於女性來說，想要在婚姻生活中保持獨立的自我，非常不容易。

女性在婚姻生活中，無論如何，不要把丈夫和孩子當作世界的中心，把他們視為妳的全部世界，完全喪失自我。婚姻不是支撐女性走在幸福路上最堅實的拐杖，也不是可以讓女人擁有快樂生活的唯一支柱。

所以，女性在結婚之後，要在婚姻中繼續保持自我學習的能力，讓自己獨立自主。不要把丈夫的人生當成自己的人生，就好像自己的雙腳不會走路，每一步都踩在丈夫的腳印上。更不要在有了另一半之後，就喪失獨立的精神和獨立思考的能力，失去把握自己人生方向的自主性。以下列舉幾點具體建議提供參考：

⑴有自己喜歡的工作

只要條件允許，最好能夠有一份自己喜歡的工作。很多女性在婚姻中感覺沒有價值，主要是因為淹沒在瑣碎的日常生活中，喪失了自己。做自己喜歡的工作，能夠讓妳獨立自信，有成就感。而且在工作中，妳能夠維持穩定的社交圈，不斷獲取新的資訊，保持與社會同步。

⑵充電學習

其次是充電學習。多看一些對自己有滋養的書或者節目，拓寬自己思維的寬度和深度；或者多去旅行，開闊自己的眼界。這樣做的目的是，不讓自己的格局被禁錮在舊有的認知模式裡，比如父母說的都是對的，或者老公說的都是對的，陷入在家庭的一畝三分地之中。

(3) 建構社會支持系統

最後是給自己建構一定的社會支持系統。比如就像美國影集《慾望城市》（*Sex and the City*）那樣，擁有幾個能夠隨時支援妳又不越界的好友，是一件很幸福的事情。無論妳有多麼離譜，做什麼選擇，她們都能比戀人更好地陪伴妳、理解妳。

就像二〇二〇年大陸一檔很受歡迎的真人秀節目《乘風破浪的姐姐》裡面所展示的，幾個性格不一的「姐姐們」，無論是已婚生子的萬茜、鄭希怡，還是保持單身的阿朵、金莎，在她們的身上，我們都能看到飽滿的精神狀態，美麗精緻，活得真實而精彩。不同的情感經歷，並沒有影響她們對於自我的追求，姐姐們還是很大膽地進取拚搏，很勵志。而這也是我想跟大家說的：無論你的感情狀況如何，你都可以是完整的你，可以給自己滿滿的幸福感。

課・後・總・整・理

要在生活中獲得幸福感，就不要依賴別人，先認識自己，知道自己是個怎麼樣的人。

在這個時代，我們已經有更多的途徑和機會去探索自己，去思考自己想要什麼樣的關係，而且社會也比以前寬容了許多。準備好自己，準備好分享和接納，無論你現在單身，還是在戀愛或在婚姻中，你都會收穫更多的幸福感！

思考題

你現在的感情狀態如何，你覺得自己在不同的狀態中有什麼不同或變化呢？

Lesson

26

如何收穫更有品質的親密關係？

自從做了心理學科普之後，我常會收到很多關於親密關係的疑問。

比如前幾天有個學生來找我，說他和女朋友總是分分合合，明明沒有吵架，女友卻常跟他提分手，說不像以前那麼愛他了；還有女性朋友會來問我，她男朋友的某句話、某個動作或表情是什麼意思，是不是在暗暗透露已經不喜歡她了。另外，還有一位網友發郵件跟我說，自從她結婚之後，覺得丈夫和她有好多地方其實不合拍，懷疑自己沒有遇到對的人。

懷疑、患得患失，希望不斷得到愛的證明……這是很多人身處親密關係時的表現。而所有這些表現的背後，都有一個共同的問題癥結，那就是「關係焦慮」。意思是，你在一種親密關係中持續感到焦慮，而這種焦慮又被帶到日常生活中，導致一系列的爭吵和壓力，讓你們的親密度直線下降。

那要如何緩解這類關係焦慮?怎樣才能收穫一段有品質的親密關係呢?無論你是不是正處於一段親密關係中,了解緩解關係焦慮的方法,都會讓你在目前或者未來的戀愛和婚姻關係中更有信心。

前面我們已經對「關係焦慮」做了一些說明,而要如何判斷你自己是不是處在關係焦慮中呢?以下是幾個具體的例子,以及三種關係焦慮的主要表現:

- 第一種表現是你會一直想去證明,想了解自己對於伴侶到底重不重要。

(比如你可能會擔心你不在的時候,他是不是會想你,或者在你碰上什麼麻煩事的時候,他會不會無條件的支援你、關心你。)

- 第二種表現是懷疑,也就是你會經常懷疑伴侶對你的感覺。

(比如他很久都沒有回訊息,或者面對你的親密舉動有點遲疑,這時你就會質疑對方:「你是不是不愛我了?」進而被你過度解讀為:「對,他就是不愛我了,以前發訊息都秒回,現在半天都不理我。」)

- 第三種表現是患得患失,經常害怕對方提出分手。

(比如為了保住這段來之不易的親密關係,焦慮的你可能會勉強改變自己的行為舉止，以避免兩人之間發生任何矛盾。比方說你明明很有時間觀念，對方總是遲到，你一直忍著不說，生怕對方離開。你選擇不正面衝突，即使伴侶做了讓你非常不開心的事情，你可能還會擔心對方生氣，即使他們沒有表現出憤怒的情緒。）

以上這些表現如果長期存在，很容易會影響到兩個人的親密關係。據我所知，大部分情侶之間的矛盾都是這些行為引爆的。確實，這些表現很容易讓另一方摸不著頭腦，甚至抓狂，也會讓雙方的矛盾持續累積和升級，進而引發更大程度的焦慮，很多伴侶之間的感情基礎就在這種惡性循環中漸漸消失了。

關係焦慮是從哪來的？

在開始談如何緩解這些關係焦慮，解決這個問題之前，我們先來了解一下關係焦慮的源頭。

有人可能會說，是不是因為另一半太彆扭了？而如果簡單的用彆扭來解釋的話，我們很容易忽略焦慮背後真正的需求。

焦慮源於我們的過往經歷和性格特點，它反映的是我們對於情感連接的渴望。可能在你或對方的經歷中，你們曾經遇到過很「渣」的伴侶，被深深地傷害過。比如曾經經歷過背叛、出軌、撒謊，或者無緣由的被宣告分手，這樣的經驗可能會讓人很難再相信新的伴侶，即使他並沒有做什麼。有些話語或者行為，可能還是會觸發對方的反應，讓他們又想到之前的受傷體驗。

還有一個最重要的焦慮源頭是我們從兒時發展形成的「依附關係」。有些朋友可能沒有聽說過這個名詞，它是由美國心理學家約翰．鮑比（John Bowlby）提出的理論。鮑比在觀察小朋友的過程中，發現寶寶在向媽媽表達依戀時，有很多不一樣的交流方式，這些行為因人而異，而且會形成行為風格，伴隨我們一直到成人。

依附關係大體上可以分為三類：**⑴安全型依附；⑵不安全依附－迴避型；⑶不安全依附－矛盾型**。根據研究，如果父母在孩子很小的時候，就能夠及時關注和回應孩子的心理和生理需求，給他們足夠的安全感去探索世界，孩子會比較可能形成安全依附。

第一類安全型依附關係的孩子，長大後對於親密關係就有更多安全感，比較有可能建立良好的社交關係，也能給予伴侶更多的信任和支援。

而其他兩類不安全依附關係的人，在他們小的時候，可能父母無法時常滿足他們的情感需求，或者會限制他們自我探索，長大後對於親密關係也就沒有太多的安全感，會時常陷入懷疑、焦慮和自我矛盾之中。比如總是擔心伴侶突然離開不管自己，就像以前父母會突然拋下自己一樣。

心理學小科普

約翰·鮑比的父親是一位外科醫師，他本來是要跟隨父親的步伐從醫，但後來發現自己對於發展心理學更感興趣，就在大三那年放棄學醫，到一所學校去教導適應不良的孩子，之後他表示這段經驗對他來說非常重要。

他在二次世界大戰期間一項關於小偷的研究，幫後來的依附理論打了很好的基礎。在這項研究中，他發現了一個人若在五歲之前和主要照護者有長時間的分離，對於這個人有很大的影響，養成竊盜習慣就是其中一個。另外他還發現，五歲前的孩子和主要照護者的分離時間越長，越有可能會造成情感上貧乏的狀況。

這個理論在依附關係中是非常重要的，但也並非沒有受到抨擊，比方說它沒有考慮到家庭的社經地位、種族、文化等影響。而在線上互動頻繁的當代，到底線上的互動對於依附關係又有怎麼樣的影響，也是這個理論沒有辦法解釋的。

說了這麼多的現象和原因，你可能會苦惱：「我覺得自己有『關係焦慮』，而且也察覺到一些深層次的原因，但這難道意味著我就永遠不能擺脫它了嗎？」其實你能做的改變有很多，但是首先我覺得你應該要先為自己喝采，因為你已經能夠正視自己的焦慮，並且嘗試要做出改變了。接下來我將推薦兩個緩解關係焦慮的方法。

換位思考，嘗試自我合理化

第一個方法是換位思考，嘗試自我合理化。

「自我合理化」的意思是告訴自己，在生活中產生一定程度的焦慮是正常的，在親密關係中也是如此。當焦慮產生時，給予自己積極的心理暗示，告訴自己：「這很正常，每個人都會遇到這樣的事情，沒關係，我可以處理好的。」當你這樣想的時候，某種程度上也能夠給你增加自信心和安全感。

除了自我合理化這件事，你還可以試著「換位思考」。比如對方很久不回你的訊息時，你會很生氣，這時候你應該抑制住自己否定他的衝動，先思考為什麼他這麼久不理你。很有可能你們前一晚吵了一架，他只是想和你冷戰，或者不敢和你說話；也有可能是他今天臨時有事很忙，沒辦法及時回覆。當你認真去分析原因的時候，你會發現自己不會一直去想「他是不是不愛我了」，這樣也能避免你掉入消極的情緒旋渦中，越想越覺得難過和不安。當你能夠換位思考，站在對方的角度去想問題時，就能更加了解對方的需求，拉近彼此的距離，緩解彼此的親密關係。

用正確方式溝通表達，加深彼此的理解

無論是自我合理化，還是換位思考，都是為了緩解你的焦慮情緒。當你處理好自己的情緒後，緊接著可以跟另一半用正確的方式溝通表達，說出你的擔心，加深彼此的理解。

#在表述前加一個「我」字

有一個很好用的溝通方式是，在你的表述前加一個「我」字，這樣對方聽起來也會比較不像是控訴或苛責。

比如當你感到不對勁的時候，你可以說「我覺得我們之間最近有點距離感，這讓我有點擔心你是不是對我的感覺變了」，而不是說「你是不是不愛我了」。和你的伴侶解釋你的想法以及你的解決辦法，相信如果你的伴侶真的在乎你的話，會和你溝通解開很多的誤會。

先說動機，後給空間

為了避免溝通時發生新的矛盾，當你在和另一半提需求的時候，最好先說動機，然後給空間。

比如你們因為某件事開始冷戰，你希望和對方好好溝通。你可以先說動機：「上週我們有了一次小矛盾，我希望能夠從那次矛盾裡討論出規避矛盾的方法，我想了解你關於冷戰這件事的看法，這樣能夠讓我們更加理解對方，對彼此關係更好。」然後給對方留有一定的空間，你可以說：「當然，如果你不想討論的話，我也不會勉強你，什麼時候你想討論了就跟我說一下。」

當然，如果這些方法都無法緩解你的焦慮，請務必要及時尋求專業的幫助。透過專業的諮詢服務，你和伴侶也能更理解對方的感受和內在需求，並且在更有安全感的情況下訴說自己的經歷。

課・後・總・整・理

「關係焦慮」是很常見的一種焦慮感受，看起來好像是伴侶引發的，但其實很多時候是源於自身的情感需求沒有被滿足。當另一半不理解「關係焦慮」時，很有可能會引起更多的不愉快，讓焦慮的人更加擔心，兩人的關係就一直惡性循環下去。只要願意給自己或者對方一些時間，一起探索焦慮的源頭，嘗試去分析和溝通，我相信你們都會從這段關係中更了解彼此。

思考題

你對於親密關係是否曾經有過焦慮，你是怎樣緩解這種焦慮的呢？

Lesson 27

上有老，下有小，如何跨世代順暢溝通？

我有個大學同學，最近因為擔心父母的健康，把他們接到家裡一起住，本來想著可以一家人共享天倫之樂，結果卻是每天大小衝突不斷。他的父母由於不熟悉電器的使用，差點把屋子給燒了；小孩也因為在家跟著爺爺奶奶生活，對於之前定下的規矩和要求都不太遵守了。每次在教育孩子時，父母也會插手，家人之間多了許多摩擦，讓我的朋友感到有些焦慮。

對於家裡有老少三代同居的人來說，相信對前述場景一定不陌生，隨著我們成家立業，有了孩子，我們就像一塊三明治一樣，被老人和孩子夾在中間。如何維護家庭的和諧，和老人、孩子順暢溝通呢？這堂課我們就來聊一聊如何跨世代順暢溝通。

曾經網路上有一個人氣很高的話題——「和父母無法溝通的你有多絕望？」，下面的網友留言相當踴躍，其中有一個點讚數很高的留言寫道：

我媽每次討論具體問題，跟我就好像處在兩個不同的邏輯時空……她的邏輯一切從自己的情緒出發。比如高興的時候就會和我說要像朋友一樣，但是只要我和她的意見不一致，她就會開始說『你怎麼可以用這種態度對我』，然後扯到『我辛辛苦苦把你養大』之類的，瞬間就讓人覺得溝通無力。

就在你覺得和父母無法溝通的時候，轉過身跟家裡的孩子對話，就會發現更加無力。孩子的情緒化是你更難理解的，當他很想要一個玩具時，你跟他說家裡已經有太多玩具，這次先不買了。他哪裡會想起來家裡面那些玩具，情緒一上來，一哭二鬧三撒潑，根本不聽你講道理。

拆除三大溝通障礙

其實無論溝通對象是老人還是孩子，我們所面臨的溝通障礙，歸納起來主要有三點，而了解這些障礙，加以調整，就能逐漸緩解你的焦慮。

第一個溝通障礙就是「在溝通中沒有傾聽」。

不傾聽的表現有很多，最直接的就是走神和打斷別人說話。比如長輩或者孩子回到家裡，興高采烈地和你分享事情，但是你並沒有打算聽，心不在焉的玩手機，或者強行打斷對方，就會讓對方覺得非常冒犯。我了解大家每天上班都很忙，回家就想要休息一下，但如果你能給對方一些簡單回應，例如「哦？」、「嗯？」、「這樣啊？」或者「然後呢？」，也能讓對方更好受一些。

第二個溝通障礙就是「控訴式表達」。

很多人在和長輩溝通的時候，都會聽到「你怎麼怎麼樣」的句式，比如「你真是太不像話了」、「我看你就是心太野了」，這種表達似乎是把所有的過錯和責任都推到了我們身上，也很容易激起情緒。

但是如果你有孩子的話，請仔細想一下，自己是不是也會不自覺地用這類句子去教育孩子呢？當我們認為孩子做錯事的時候，也經常會脫口說出「你腦子裡天天都在想什麼？」之類的話。為什麼這種表達如此常見？因為它非常方便傳達我們內心的不滿和擔心，也能快速否定掉你的溝通對象。

然而，這樣的控訴並不能解決問題，反而讓矛盾和憤怒情緒一點點累積起來。很多時候我們說這些話並不是出於惡意，而是不知道怎麼表達我們的情緒，才會用這種簡單粗暴且直接的方式。

第三個溝通障礙就是「代間溝通」。

相信大家對這點都不陌生，也就是長輩和晚輩溝通的時候，文化和價值觀不同。這其實是一個很容易忽略的事情，因為我們沒經歷過父母的時代，有時候確實很難真正理解父母教育的邏輯。

有一本很不錯的育兒書《*Love, Money & Parenting*》（簡體中文版為《愛，金錢和孩子：育兒經濟學》），就是從經濟學的角度來解釋育兒行為。作者在書中說道，我們的父母生活在比較動蕩的年代，為了保證家裡孩子都健康安全，不擅自冒險，日後能繼承家業，家庭教育以權威式教養方式為主，也就是家長擁有至高無上的權利，專制地安排孩子的生活，並且不接受質疑。這也會讓我們的父母或多或少繼承了這樣的思想或育兒思維，傾向用居高臨下的態度去面對自己的子女，對於兒女的情感需求也不是非常敏感。而我們又是在更加開放的時代中長大，更嚮往獨立生活和自由成長，所以

三種常見的溝通障礙

❶ 沒有傾聽

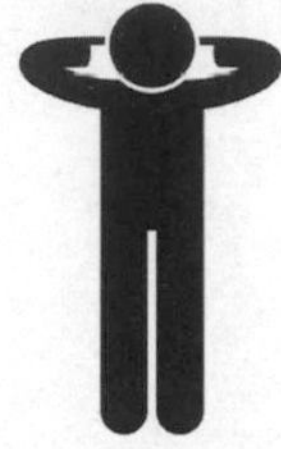

走神，打斷別人的發言。

解決方法　給予簡單回應，鼓勵繼續表達。

❷ 控訴式表達

缺乏同理心，都是「你」的錯。

解決方法　多一點真誠的關心，少一點自私的批評。

❸ 代間溝通

認為自己的價值觀才是正確的，否定別人的價值觀。

解決方法　提醒自己，彼此的差異是價值觀造成的，對事不對人。

我們的三觀（人生觀、世界觀和價值觀）和父母之間會有很多衝突。

心理學小科普

隨著人們壽命延長，成年子女與父母的溝通，成為一個日趨重要的議題。但是，成年子女會買書、找資料來協助自己育兒，卻比較不會去設法解決和中高齡父母的溝通問題。中高齡的父母，也鮮少會想辦法改善與子女之間的溝通。因此，從社會新聞可以發現到，成年子女與父母間的衝突越來越多，像是日前就有一位父親，因為不滿孩子啃老又酗酒，失手把自己兒子殺了。

《康健》雜誌前社長李瑟曾在一篇專欄文章〈甭怪年輕人玻璃心，我們展現溫柔吧〉寫了一段文字：「溫柔，顯然不只是語氣溫柔，更重要的是在乎對方的感受，護衛對方，是一種成熟。」我覺得是非常好的一個提醒，其實不僅上對下，下對上也該把它當作準則。如果大家都多展現一點溫柔，少一些苛責，我們的社會一定會更和諧。

前面所介紹的三個溝通障礙，簡單總結就是：**⑴說話的時候沒認真聽；⑵因為控訴式表達出現摩擦；⑶因為代間溝通不能理解彼此的心理需求**。想想看，在你和家人日常溝通時，是不是經常因為這些狀況，在溝通上出現問題。

要想順暢溝通，和家人有良好的溝通方式，應該怎麼做才好呢？下面我會結合這三點常見的溝通障礙，以及生活中的日常案例，提供兩大溝通原則給大家參考。

把尊重放在首位

第一個原則是，無論是跟老人溝通還是和孩子講話，永遠要把尊重放在首位。

面對陌生人或者朋友，我們往往能夠做到尊重。但和最親的家人在一起時，卻常因為關係太親近，就不容易做到尊重。我們總是「以愛為名」綁架對方，甚至是傷害對方。想說什麼，張嘴就出來了，並不清楚這些話背後會給對方帶來什麼心理上的影響；想做什麼，常常也就自作主張先做了。**而尊重是把對方看成一個獨立的個體，「以他的需要為出發點」，真正去理解他並為他考慮。**

以和老人溝通為例，當父母因為年齡和社會脫節，對很多社會上的新鮮事情不了解時，你會如何跟他溝通，是否會覺得他們老古董，跟他們說不明白，還是敷衍了事，不再和他們繼續溝通？想想自己上次教媽媽用手機在PChome下單時，你有沒有說過「這麼簡單，你居然還不會」、「怎麼都講過好幾次了，你還是搞錯」這樣的話呢？而且，我們也很容易把一些對父母的負面情緒，加在和他們的互動上，很容易就會忘記要尊重他們。

在和孩子溝通時，我們常常更難做到尊重二字。因為我們總會覺得孩子還小，不懂事，就會把自己的想法強加在他們身上。

舉個我和家裡老二的例子，他五歲的時候，有一次悄悄躲在廚房裡，把麵粉和水弄得整個地板上都是，我看到之後很生氣的質問他，為什麼要在廚房裡面搗亂。老二拿出手中還沒捏好的麵糰說：「爸爸，明天是父親節，我想送你一塊小熊餅乾。」聽完之後，我覺得很羞愧，沒有問清楚原因就對他發脾氣。

先講情再談理

說完第一個原則尊重之後，我們再來看看第二個原則，就是先講情再談理。

有時候我們和家人溝通時，是沒有道理可講的。因為道理和親情放在一起，永遠是親情大於道理。為了避免出現前面提到的「控訴式表達」，下次不管你是和老人溝通還是跟小孩講話，請嘗試用「我」開頭的句式，加上自己的感受，先表達你對他們的關心，也就是先講情，然後再講理，就會減少溝通中的矛盾和爭吵。

再舉個例子，比如你在自己爸媽的房子裡安裝了一個煙霧警報器，你如果像這樣跟老人家說：

「媽，妳上次忘了關火，差點把房子燒了，我買這個警報器把它裝起來。」媽媽聽了會覺得你是在責備她，怪她老了，能力變差了，而沒有感受到你的關心。

如果換個表達方式，先傳達自己對母親的關心，然後再說這麼做的原因，對已年長的媽媽說：

「媽，我擔心妳忘記關火時沒人提醒，就買了這個智慧警報器，是我朋友推薦的，她父母家裡都有裝，挺好用的，我們可以試用一下。」這樣就會讓媽媽感到溫暖和體貼，也會更加樂意接受你的建議。

和小孩溝通也是一樣，先講情再談理。比如你怕孩子衣服穿少了，容易著涼，所以要孩子出門時多加一件衣服。如果你直接說：「小寶，去加件衣服，不然不可以出去玩。」孩子聽到的是你的命令和懲罰，而不會感受到你的關心。你可以說：「小寶，我擔心你會生病，到時候就沒辦法出去玩了，所以要出門前，記得多加一件衣服。」他可能就會乖乖聽你的話去穿衣服了。

課・後・總・整・理

你或許覺得和老人、小孩溝通很困難，其實只要我們能主動去識別溝通上的一些障礙，把尊重和感情放在首位，真誠溝通，可能事情並沒有你想的那麼有壓力。我相信在我們的改變中，我們可以向長輩或者孩子示範更順暢的溝通方式。

思考題

回想一個和父母或者孩子之間失敗的溝通經驗，套用在這堂課學到的方法，你覺得自己會做哪些調整呢？

Lesson 28

成年人的友誼應該如何維繫？

你在臉書、LINE或是Instgram上的好友有多少個？在這些人當中，會和你經常聯繫的人又有多少？除了家人和工作夥伴之外，那些跟你一起長大的同學，一起玩耍的朋友，還有在保持聯繫嗎？

你是否和我有同樣的感受，那些曾經和你一起哭過、笑過的朋友，不知道從什麼時候起，漸漸斷了聯繫。以至於網路上曾有這麼一段話：「相互加LINE的就算認識，一年能打幾個電話就算摯交，如果有人願意雨天和你吃飯，可以說是生死之交了。」聽起來有些幽默戲謔，但也非常真實貼切了。

人正因為害怕孤獨，所以才會結交朋友。但是，什麼樣的朋友值得用心結交？為什麼有些朋友走著走著，就走丟了呢？我們應該如何維繫友誼呢？這堂課我們就來聊聊友誼這個題目。

生活中不可或缺的朋友

先來回答第一個問題，什麼樣的朋友值得用心結交。

湯姆．雷斯（Tom Rath）是美國一位暢銷書作者，他在《人生一定要有的八個朋友》（*Vital Friends: The People You Can't Afford to Live Without*）這本書中，提到我們在生活中有八種不可或缺的朋友角色，包括：1推手（Builder）、2支柱（Champion）、3同好（Collaborator）、4夥伴（Companion）、5中介（Connector）、6開心果（Energizer）、7開路者（Mind Opener）、8導師（Navigator）。我將這八種角色做了總結和歸類，大概分出四個類型：

(1)「陪伴型」的朋友

這種類型朋友對你的喜歡是無條件的，而且真心希望你好，你可以用「支柱」、「閨密」或「兄弟」來形容他們。他們總是會表揚你，相信你說的話，還為你撐腰。比如你在罵老闆時，他們也會陪著你一起罵；你辭職的時候，他們會為你鼓掌。而當你的生活中碰到大事，你會第一個想到要告訴他。

(2)「合作型」的朋友

這種類型朋友和你有很多相似的經歷和興趣，也會有類似的人生目標或者職業目標。比如你們曾經是同事，負責的業務很像，你們對於這個產業的見解很相似，而且職業規劃也都差不多，當你們在交流時就會有很多共鳴的地方，也能互相幫助完成一個任務。

(3)「導師型」的朋友

這種類型朋友一般都能幫你開拓思維，或者帶你走出困境。有時你在工作或生活上遇到一些想不通的問題，去找他們聊一聊，他們都能和你一起分析現狀，為你提供一些指導建議。

(4)「連接型」的朋友

這種類型朋友是你拓展人脈的橋樑，你和他們認識之後，他們會把你介紹給其他人。而且這類朋友一般都會非常熱情，比較積極幽默，人脈也比較廣，會邀約吃飯或者聚會讓大家互相認識。像我在讀書的時候，就有這樣的朋友會發起一些活動，讓你有機會認識同鄉或者同科系的學長姐。

四種不可或缺的朋友類型

❶ 陪伴型

無條件支持你，總是站在你身邊。

❷ 合作型

見解相似，適合為共同目標努力。

❸ 導師型

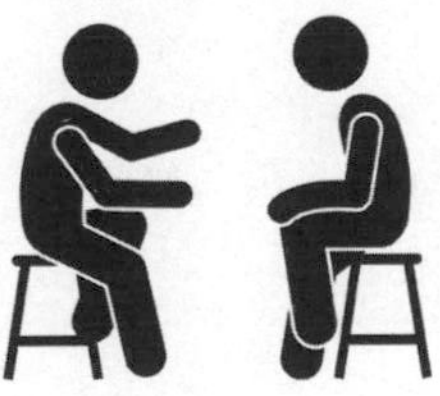

能夠給予引導。

❹ 連接型

善於幫忙拓展人脈。

分析完陪伴型、合作型、導師型、連接型這四類朋友，想想看，你身邊有哪些朋友符合這些類型？那些一直陪伴在你身邊，和你興趣一致，能帶給你一些啟發，能幫你向外拓展人脈圈子的朋友，多嗎？

其實有些朋友可能是複合型的，同時扮演兩種或更多的角色。比如有的朋友和你興趣一致，還總能給你啟發和指導。如果你身邊有像這樣的朋友，請一定要好好珍惜，因為這種一輩子的知心好友真的不太多，大多數你朋友圈裡的好友，可能只是一面之緣，或者點讚之交。

當與朋友走上分歧路……

回答完第一個問題，我們需要什麼樣的朋友之後，接著我們再來談第二個問題，為什麼有些曾經和我們非常親密的朋友，會漸行漸遠，關係變淡了呢？是什麼影響了我們的友誼？

說到這裡，我們就先來看看，友情在不同生命階段的特點：

青春期是一個很重要的分野點。在青春期之前，我們雖然會有朋友，但人際關係仍是以家人為主。伴隨著青春期，更強烈的自我意識，你開始想要脫離家庭的束縛，友誼在人際關係中扮演的角色日趨重要。

成年之後，家人之間的關係有很高的機會，會不及你和朋友之間的關係。這也是很合理的，因未成年的你，可能因為求學或是工作，遠離了原本的家，與家人關係很自然會變淡。

結婚生子後，又是另一個分野。在結婚前，和朋友之間的人際關係是比較重要的；但是在結婚後，特別是生了孩子，這個重心又從朋友轉回到家人，不過不是你以前的原生家庭，而是你自己建立的家庭關係。

你看，**正因為友誼在人生的不同階段，有著不同的變化，所以你和朋友之間的距離也在發生變化。**

有些人，你們仍保持著頻繁的互動，深度參與到彼此的生命狀態中。但和有些人的友誼，則慢慢處於休眠狀態，你們心中雖然仍把對方當作朋友，平時卻不怎麼聯繫互動。在這樣的動態變化中，你好像和大多數人走散，朋友越來越少，但同時你和某幾個人的關係卻越來越穩固，成為你為數不多但異常珍惜的好朋友，儘管平淡，友誼卻更加穩定。

既然我們已經明白友誼是如何變遷的，在面對這種情況時，我們成年人是否應該做出努力維護友誼呢？下面就教大家兩個原則。

運用容器理論，和知己走得更遠

第一個原則是運用容器理論，跟與你交心的親密朋友走得更遠。

什麼叫做「容器理論」？這個名詞，來自澳洲一位社會創新專家萊恩·哈伯德（Ryan Hubbard），他是致力於提升人的歸屬感的社會企業Kitestring（現為Hinterland顧問公司其中一項服務）創辦人。哈伯德透過他豐富的實務經驗，提出四種讓友誼變得更加親密的方法，容器理論正是其中一個。

它的意思是說，當你把朋友放在固定的容器裡，會更容易維持你們的友情。這個容器指的是「定期共同做一些事情」。比如一起去旅行，一起去看展，或是一起去做一些從來沒有經歷過的事情。這些屬於你們之間的共同經歷，就像水一樣，彙集在這個容器中，讓你們的關係越來越默契。

心理學小科普

萊恩．哈伯德是一位澳洲的創業家，在他自己的領英（LinkedIn）介紹上，他寫著：「我相信那些可以彰顯嚴謹與心意的任務。」（I believe in work that honors both rigor and heart.）從他的經歷，確實發現他就是依著這樣的信念在做事情的人。

在奧斯丁設計中心接受了相關訓練後，哈伯德加入了澳洲社會創新中心（The Australian Centre for Social Innovation），協助社會上的組織推動一些創新改變的方案。他在二〇一七年創立了一個叫Hinterland的工作室，這個工作室的主旨是要創造歸屬感，而且不僅止於人類，還包括與大自然之間的關係。其中與人際關係的部分，隸屬於一個名為Kitestring的社會企業，他們開設課程協助想要修復關係的朋友，也協助社區建立民眾間的歸屬感。

在一項縱向研究中，研究者曾根據朋友間猜詞遊戲的表現，成功預測了友情的未來親密程度，結果發現默契度越高，他們未來的友情親密度也就越好。

當你和朋友因為一些事情，例如彼此離得越來越遠，或者結婚生子，能給對方的時間越來越少，建議你主動將容器升級，讓你們的友誼繼續保持下去。這裡的升級指的是「增加容器的穩固性」。即使你們不能經常見面，還是可以時常互動，述說彼此的近況，有哪些變化或者感受，這些深度溝通都有助於維護一段友情。

我有一位作家朋友，儘管我們平時見面也不多，但兩人關係特別好。他經常會發郵件跟我分享最近看過哪些書，有什麼新的思考，我也會認真的回信。這種深度交流和溝通，讓我們的友誼延續了十多年，我相信未來也一定會繼續下去。現今網際網路的發展，讓交流變得更快捷也更方便，給我們的友誼發展提供了便利條件。你可以經常跟朋友打視訊電話，或者分享一些你在網路上看到的優質文章，都有助於你們參與到彼此的生活當中。

不執著，好好跟朋友說再見

說完第一個原則，我們再來看看第二個原則。那就是不執著，跟下車的朋友好好說再見。

生命終歸是一場孤獨的旅行，在這趟旅行的列車上，隨時有人上車，也有人中途下車。我們無法勉強曾經和你發生過交集的朋友，能一直陪你前行。比如你每換一份工作，和以前那些朝夕相處的同事就漸漸疏離；而每換一座城市，就意味著大部分友誼的終結。

雖然心有懷念和不舍，但也不能硬拽著對方和你一起上路。每每到了分岔口，當有朋友要下車遠行時，那就溫柔道別，好好說再見。就像作家余華《在細雨中呼喊》中的一句話：「我不再裝模作樣地擁有很多朋友，而是回到了孤單之中，以真正的我開始了獨自的生活。」

隨著年齡的增長，到最後你會發現，相交莫強求，人一生中不需要太多朋友，三兩知己足矣。至於那些漸行漸遠的朋友，把那份情誼和美好，珍藏在心中就好。

課・後・總・整・理

一路成長，交朋友並不難，難的是維持友誼。有時候，友誼就像一場無法重播的絕版電影，走散了就很難再回來。在這種情況下，認清哪些是值得深交的朋友，用心維護。而對於那些在中途下車的朋友，揮手說再見。因為朋友需要的不是數量，而是品質與默契。

思考題

看完之後，你想起了哪位朋友？你有什麼話想要對他說？

Lesson 29

如何在社會比較中優雅勝出？

有位學生最近跟我講了她的失戀經歷。

她說兩人剛分手時，她比以前更頻繁地瀏覽前男友的朋友圈，目的只是要確認誰是分手的贏家，誰過得更幸福一些。她天天盯著手機，從前男友朋友圈的蛛絲馬跡判斷，他什麼時候開始了新戀情，生活過得怎麼樣，然後加倍在朋友圈裡晒自己的新生活，比如自己減重多少公斤，又去哪裡旅行了。她把精緻的修圖照片發到朋友圈，等著收穫一大波讚。

「妳覺得自己贏了嗎？」我聽完後笑著問她。

她不好意思的搖搖頭，笑說：「現在想想好傻，那段時間也不知道為什麼，總想證明自己離開他照樣能過得很好，大腦中好像有一個靈敏的比較器，時時刻刻拿自己和他做比較。」

大腦裡面的比較器

在你的大腦中，是否也有一個這樣的比較器？看到朋友圈中哪個人又出國玩了，或者又在高調秀恩愛時，是否會忍不住拿自己跟他比一比？

為什麼我們總會忍不住和周圍的人比較，這又給我們帶來什麼影響？如何才能不被他人影響，擁有屬於自己的穩穩的幸福？

其實人際交往中，比較無處不在。想想我們從小到大，一直都被別人拿來比較：學齡前，父母比誰家孩子比較早開始走路、開口說話；念書之後，換成比較誰的成績好；踏入職場後，又開始比較誰的薪資高、單位好。當你以為自己退休後就可以功成身退時，大家又開始比誰的身體好、子女孝順了。

這種現象，被心理學家利昂・費斯汀格（Leon Festinger）稱為「社會比較」（social comparison）。意思是，人都有評價自我、了解自我的需要，比如你想知道自己到底算不算成功，能力怎麼樣，在缺乏客觀評價標準時，就會透過和他人比較來評價自我。比方說，你不知道自己的收入算不算高薪，透過和同齡人的比較，就大概能夠了解自己的薪資高不高，賺錢的能力怎麼樣。而一般來說，社會比較常分為兩種情況：

(1)上行比較：第一種情況是比較的對象比你強，這時如果你的思維是「哎呀，我遠遠比不上他」，那麼你就會感到失望和沮喪。如果你的思維是「他那麼優秀，我也可以向他看齊，繼續努力」，你就會心中充滿希望。

(2)下行比較：第二種情況是你的比較對象不如你，但也會因為你看待問題的角度不同，產生截然相反的結果。當你覺得「沒想到我混得還不錯，比大多數人好」，那麼你就會感到開心。如果你覺得「雖然我現在還不是那麼悲慘，未來是不是也會像他一樣慘」，你心裡就會有些擔憂，情緒低落。

心理學小科普

利昂・費斯汀格是知名的社會心理學家，他最著名的理論除了社會比較理論之外，還有認知失調（cognitive dissonance）。認知失調並不是單純的口是心非，而是因答應做事情換取很少的報酬之後，會轉變對那件事情喜好的一個現象，因為你會說服自己，「如果我不是那麼喜歡這件事情，怎麼可能會為了這麼少的報酬而做這件事情呢？」這個理論也是以比較為根基，只是並非跟其他人比，而是和自己在做不同事情時的情境比較。這個做法現在還蠻常被使用，所以你不要小看那些便宜東西的效益，就像不少人會賣個資換一個小禮物，道理也是一樣的。只要付出與獲得不成比例，你都會自己去合理化這個行為，認知失調的現象也就發生了。

所以，不管你是有意還是無意，社會比較總會給人帶來深刻的心理影響。這在心理學實驗中也得到了驗證。有一個來自瑞典哥德堡大學（University of Gothenburg）的研究，他們請參與者提供家庭收入的數據，並且評定自己家庭的收入是跟多數人差不多、更差還是更好。接著，研究者會打電話詢問他們是否有購買一些商品。

結果研究發現，當參與者覺得自己的收入比其他人低的時候（而非實際收入比較低），他們會購入比較少的非生活必需品，而且覺得受到大環境經濟面的影響是比較大的。不過，在生活必需品的部分，實際收入才會對於消費產生影響，自我評定的收入高低不會影響消費。

既然社會比較無處不在，又給我們心理上帶來一定的衝擊。我們應該怎麼做呢？不去比較行不行？怎樣才能不被比較所影響呢？

不和他人比，自己和自己比

第一個方法是，將注意力放在自己身上，不和他人比，自己和自己比。

有一句俗語是「人外有人，天外有天」，比你更有錢、更聰明、更有能力的人總是大有人在。如果你的幸福和快樂，總是建立在他人身上，那麼你永遠都會被別人牽著走。你的期望在比較中被不斷放大，哪怕你每天出入都開BMW，住在大坪數的豪宅裡面，你也不一定會感到滿意。因為你所住的街道，其他人都是獨棟別墅，房子比你的大兩倍，而且門口停著瑪莎拉蒂和法拉利，相比之下，你可能會覺得自己實在是微不足道。

所以，向外比較永遠沒有盡頭，只有越來越大的期望值和不如意。試著掌控你的注意力，把目光拉回到自己身上，咱們自己和自己比。

跟一天前的我，一個月前的我，一年前的我做比較，

我現在賺的錢比過去多了還是少了，

我的生活更幸福了還是更糟糕了。

用像這樣的比較方式，來判斷自己的處境是否在往好的方向發展，情緒才不會總是被牽著走。

我這樣說，不是在熬雞湯，讓大家佛系認命，而是希望我們每個人在認識自我

時，能夠建立一個正確的座標系。不要再盲目拿自己和他人做比較，覺得比別人強就沾沾自喜，比別人差就垂頭喪氣，這對具體的改進沒有一點實質幫助。更重要的是，在自己的系統裡縱向對比，今天的自己是否比昨天更進步，今年的自己是否比去年更進步，曾經的缺點是否已經改變，這樣才能不被外界的評價所干擾，真正客觀的去看待自己，也才可能取得真正的自信和成熟。

重新看待比較

如果說第一個方法自己和自己比，是讓你把目光從他人身上收回到自己身上，那麼第二個方式就是教你重新看待比較，真正懂得快樂並不取決於你缺少什麼，而在於你已經擁有什麼。

想想看，你已經擁有了什麼？健康的身體，相對體面的工作，這些都是生命莫大的饋贈。當你能夠時時觀照自己的生活，留意生活中的小確幸，即使僅是雨後照進房間的陽光、陌生人的微笑，不都讓人心情舒暢嗎？

所以，你可以在日常生活中多觀察和記錄生活中的小確幸，試著寫感恩日記，記錄每週讓你感動或者你幫助過別人的事情。有研究顯示，那些寫下感恩日記的人會對生活更加滿意，對未來持有更樂觀的態度。當你對自己越自信篤定，也就不容易被社會比較所影響。

課・後・總・整・理

美國總統羅斯福曾說：「攀比之心是奪走快樂的強盜。」在社會比較無處不在的今天，最優雅的勝出方式就是「不去比較」，與其盯著自己沒有的，不如把注意力放在自己已經擁有的事物上。因為，你的幸福與他人無關。

思考題

回頭看自己過去很在意的比較，有沒有哪一個是你現在看起來很荒謬的，你會給過去的自己什麼樣的建議呢？

「感恩日記」（格式範例）

我是

我很高興今天發生了

因為

我因此有了這樣的收穫。

我要特別謝謝

因為

我想要為他做

擁有

是一件很幸福的事。

因為

所以我要跟其他人分享。

※溫馨提醒：你感恩的事情不一定都是好的，也可能是一些當下你認為不好的事情。比如你很感恩有路人不小心撞到你，讓你必須回家換衣服，晚了半個小時才去上班，因此避開了可能的交通事故。（因為你預計搭乘的火車撞上掉落在軌道上的異物。）

Lesson

30 學會跟自己好好相處

在關係焦慮這個部分，我們已經在前面幾堂課討論過和伴侶、家人、朋友等社會關係相處的方法。其實，學習了那麼多與人相處的方法，還有一種最根本、最重要的關係，卻常常被我們忽視，那就是——如何與自己相處。

說到如何與自己相處，你可能會問：「跟自己相處有什麼難的？」在回答這個問題之前，我想先請你看一個心理學實驗。

（假如你做為受試者，被邀請參加一個實驗……）

在實驗的第一個階段，你會體驗到不同的刺激，一些會讓你感到愉悅，一些會讓你有些不舒服，比如被電擊。

在實驗的第二個階段，你被要求進到一個空曠的房間，獨自待上十至二十分鐘。在這段時間內，你可以發發呆、做做白日夢，隨意想任何的事情，也可以隨意體驗之前體驗過的刺激，包含電擊。（那麼，在這段時間內，你會做什麼？你會電擊自己嗎？我想大部分人都不會，對吧？哪有人會傻到為了打發時間自己電擊自己。）

我要告訴大家，剛剛我描述的是一個真實的實驗，這是美國維吉尼亞大學的提摩西．威爾森（Timothy Wilson）教授在二〇一四年於《科學》（*Science*）雜誌所發表的研究。他們發現，儘管很多人都表示電擊太疼了，但仍有四分之一的女性和三分之二的男性至少電擊自己一次。甚至還有一名受試者，在短短的十五分鐘內就電擊了自己一九〇次。

心理學小科普

人在無聊的時候，真的會寧願電擊自己，也不願意做別的事情嗎？這個研究聽起來很不合理，但這是社會心理學家提摩西．威爾森的團隊所執行的研究，他們做了十一個相關的實驗，而且將結果發表在學術界數一數二的《科學》期刊中，所以可信度應該是相當高的。

威爾森教授長年研究潛意識對人們決策、問題解決的影響，這個研究的結果，某種程度也反應了人的思緒是需要被占據的，當意識層面沒有被占據的時候，潛意識就有可能做出一些奇怪的事情，像是電擊自己，讓自己會有疼痛的感受。他後續也有一個研究發現，如果沒有特別引導人們去想會讓自己快樂的事情，人們即使可以自由想任何事情，也不會去想這些讓自己感到快樂的事情，這也說明了人的思緒真的有點特別。

你是不是覺得很驚訝呢？為什麼大家如此討厭什麼都不做，靜靜的和自己待在一起，甚至寧願做一些讓自己痛苦的事，也要逃避自我相處呢？

跟自己玩難道不美嗎？

但是，再回過頭來想，我們有時候也明明能夠感受到一個人的逍遙自在，看看書、品品茶、發發呆，簡直不能再愜意了。為什麼獨處的時候，有的人無法忍受孤獨，有的人卻又清淨自在呢？怎樣才能做到高品質的獨處，享受孤獨呢？

在深入探討之前，我們先來釐清「獨處和孤獨」這兩個概念，也就是說獨處和孤獨有什麼區別，獨處就一定會感覺到孤獨嗎？

目前心理學界對於什麼是「獨處」還沒有統一的定義。但基本都認為，獨處的主要特徵是「你和外界沒有互動和溝通，就像有個巨大的玻璃罩子把你單獨罩住，和其他人分割開來，你的意識和思想也與他人無關，沉浸在一個人的世界之中」。

這種狀態可以是你獨自一人，也可能發生在群體當中。比如你參加一個派對，很多人在你面前走來走去，攀談交流，而你獨自一人躲在角落裡，和大家隔離開來，這也是獨處。

不過，有時候你是自己想要獨處，有的時候則是被迫獨處，這兩者對於人們也有不同的影響。**當你是自己想要獨處，你的經驗會相對正面；但如果你是被迫獨處，那麼你的經驗會是比較負面的，甚至有可能導致憂鬱的狀況。**

由此，你也能感覺出獨處和孤獨的區別：獨處是一種客觀的狀態，而孤獨是獨處的情緒體驗成分之一。

為什麼我會強調情緒體驗之一？這是因為當你被迫獨處或者非自願獨處時，你所體驗到的情緒才與孤獨類似，感覺很寂寞，一個人很無聊，需要找人來陪，或者找些事做打發時間。而當你是自願選擇獨處時，雖然你好像處於社交孤立的狀態，但你並不會感到孤獨，反而非常滿足愜意，這時的獨處非但不會引發孤獨感，還會成為人們追求的狀態。

就像生物學家達爾文（Charles Robert Darwin）一樣，他就是一個特別喜歡獨處的人。他每天都會獨自在書房裡待六個小時，然後獨自一人在小樹林裡散步。這些獨處時光，非常有助於達爾文對世界的思考，而基於這些思考，他完成了偉大的《物種源始》（*On the Origin of Species*）。

所以，獨處並不一定會讓人感覺到孤獨，關鍵在於要如何讓你的建設性獨處更有品質，讓你的非自願性獨處沒有那麼孤獨。針對這兩種情況，下面介紹兩個比較具體的做法，提供給大家參考。

做好規劃，營造高品質的獨處時光

先說「建設性獨處」，對於這種自願性的獨處方式，要做好規劃，為自己營造高品質的獨處時光。

或許我們都有過這樣的經驗，一個人的時候特別容易放飛自我，總是怎麼舒服怎麼來，用食物和娛樂來填補空虛寂寞。但等時間虛度之後，又會自責不已，覺得自己過得很荒廢，然後陷入更深的孤寂之中。這就是低品質的獨處，也就是你儘管一個人待著，卻因為害怕寂寞，並沒有跟自己在一起，而是用其他偷懶的方式填補時間，自始至終你都沒和自己對話，也沒有認真傾聽過自己。

那什麼才是高品質的獨處呢？

簡單來說，就是要能夠和自己進行真誠的交流，不要害怕面對自己最真實的樣貌。你可以想像要跟一位很要好但好久沒見面的朋友相聚，你一定會特別選一個你很喜歡的地點，和他共度一段不受干擾的時光。你也一定會想知道他過得好不好，想聊一聊彼此的共同回憶，以及對於未來的規劃等等。只是，這個朋友不是別人，是你自己，那個你在忙碌的生活中，已經逐漸遺忘的自己。

而為了營造這種高品質的獨處時光，我們可以怎麼做呢？

製造「好的獨處體驗」

試著給自己製造一些「好的獨處體驗」，然後透過不斷的練習，逐漸獲得獨處的能力。比如冥想、一個人散步，或是獨自在咖啡廳裡靜靜品嘗一杯咖啡的味道，什麼事也不做。當你什麼都不做的時候，你只和自己的思緒待在一起，這些冒出來又沉下去、斷斷續續的思緒和念頭，帶領你在時空中穿梭，想起過去的人和事，幻想未來的

營造高品質的獨處時光

製造好的獨處體驗

設置任務計畫

種種可能，這時的你是自由的。或許從功利的角度，你這樣做什麼收穫也沒有，但卻獲得心靈上的寧靜與平和，這是最美的時刻。

 # 設置任務計畫

此外，還可以設置一些計畫，讓自己有準備的進入孤獨狀態。比如完成某個寫作任務，或是跑步、早起看一次日出，或者為自己做一頓豐盛的晚餐。這些清晰的任務可以幫助你保持自律，對抗孤獨中的失控感，不至於因為無所事事陷入空虛之中。

擁抱孤獨，和自己談一場戀愛

接著我們再來看第二種情況「非自願性獨處」，也就是被迫需要一個人獨處，讓你時刻感受到孤獨，比如疫情期間需要進行居家檢疫或居家隔離。像這種時候可以怎麼辦呢？

在經典小說《簡愛》（*Jane Eyre*）中，女主角說過一句話：「我越是孤獨，越是沒有朋友，越是沒有支持，我就得越尊重我自己。」（'The more solitary, the more friendless, the more unsustained I am, the more I will respect myself.'）我覺得這句話說得很好，當我們被迫獨處的時候，我們更要提醒自己，要做到尊重自我。

那麼要怎麼做才能尊重自己呢？我認為就是和自己談一場戀愛。想想看，當你愛上一個人的時候，你滿腦子想的都是要和這個人做什麼事情，這個人喜歡什麼、不喜歡什麼。你可以用同樣的方式，跟自己談一場戀愛。

比如你把「自己」當成戀愛的對象，想一下他的愛好是什麼，你可以為他準備什麼驚喜，你可以如何取悅他，陪他一起做什麼美好而又有趣的事情。當你這樣轉換角色去思考之後，你就會有動機想要去嘗試和體驗不同的事物，也就會讓你的獨處時光變得更加美好。

此外，當我們處於戀愛狀態中，往往都會特別關心另一半的心情和狀態，滿心想著：「他今天高興嗎？」、「有什麼心事？」當你和自己談戀愛時，也可以同等細心的觀察自己，了解自己的情緒和狀態，適時寬慰自己，轉換心情，讓自己和自己相處的每一刻，都充滿喜悅。

而當你可以和自己這樣對話，慢慢儲蓄一種情感時，你便不再孤獨，生命會變得更加富有，更加圓滿。

課・後・總・整・理

最後我想提醒的是，獨處是一種能力，需要慢慢培養。如果你真的覺得一個人很孤獨，甚至無法承受這種孤獨感，記住不要強迫自己，適時放棄，去尋求同伴的陪伴，這也是一種應對孤獨的方式。

莊子說：「獨有之人，是謂至貴。」這裡的「獨有」，指的就是獨立自在，自我和諧，自我完善，也就是懂得如何與自己相處。一個不會與自己相處的人，往往也不會和他人相處。獨處是一種能力，需要我們在生活中多加練習。

思考題

你有過好的獨處經驗嗎？請回想這是一個怎麼樣的經驗。

後記

告別焦慮，迎向幸福

黃揚名

在別人的眼中，我算是個幸福的人，因為他們看到我一路順利，家庭事業都看起來圓滿。而我不否認自己是一個幸福的人，但是我切入的觀點不太一樣。

為什麼會這樣說呢？因為對我來說，幸福不應該是由外在的事物所帶來的，而是來自你內心的一種狀態。這種狀態是一種滿足於現狀，不用擔心自己還缺什麼，有什麼事情做得還不夠好。

我之所以會長成這個樣子，有蠻大一部分是受到家庭的影響，我的父親是個很單純的人，他是一位傑出的研究人員，工作上的表現非常傑出。但是除了工作之外，他實在沒什麼喜好，頂多就是去買魚和買水果分享給大家。是的，分享給「大家」，因為他都會買太多，所以外婆、叔叔、阿姨都有份。

在父親身上，我見證到了，當你可以做你愛的事情，而不用計較到底要得到什麼的時候，那就是一種幸福。

父親後來得了腦瘤，情況一度非常危險，還好手術後身體復原得還不錯。不過，在那個時候，父親居然不是想著多花些時間陪母親，而是選擇回到工作的崗位上。身為兒子，我當時非常不能諒解，但母親說：「工作是他愛的事情，所以我支持他這樣做。」

或許就是在這樣的環境下長大，不強求自己一定要得到什麼，而是做自己喜歡的事情，造就了我現在的樣貌。你或許沒有同樣的成長環境，但這並不表示你就不能幸福，只能過著焦慮的人生。

幸福和焦慮其實只有一線之隔，而那個關鍵就在於，你自認對於一件事情的掌握有多高。

你想想看，當你做自己喜歡的事情，你會越來越擅長，也會越來越有自信，幸福也就伴隨而來了。但是，當你覺得自己不可能做好，或是覺得自己就算努力也不一定會得到想要的東西，焦躁不安的心情，自然在所難免。

然而，我也不是一直都覺得自己很幸運，也曾經迷惘、焦慮，不知道自己究竟會往哪裡去。回頭想想，念大學的時期，應該是我人生最迷惘的時候了，當時情感關係沒處理好，學業也是一團亂。還好那時候沒有就這樣自我放棄了，而是盡可能找到自己喜歡的事物。

在我自己的身上，我深刻體悟到了，不要想太多，要去做，才會發生改變。很多人都是過度焦慮，擔心自己會做不好，擔心自己會失敗，結果裹足不前。其實只要你嘗試了，就算最終失敗了，你也會從中獲得一些什麼。

因為在大學教書，我接觸到很多迷惘、焦慮的學生，他們不知道自己喜歡什麼，不知道要怎麼交到男朋友、女朋友，不知道自己以後可以怎麼養活自己。其實，不僅是大學生焦慮，和我同齡的朋友，不少也因為疫情或是已屆中年了，擔心自己哪天工作沒了怎麼辦？有工作的，也憂愁著，覺得工作不開心，想要換工作，又有房貸、車貸、養孩子的經濟壓力。老年人也有自己的煩惱，擔心自己會不會成為女子的負擔，煩惱自己日子會不會過得沒有意義。

雖然我很正向積極的認為，不要想太多，去做，就會有所改變。但我也深知，很多人不知道要怎麼做，即便知道怎麼做，多少還是會裹足不前，因為覺得要做出改變好難，與其煩惱要如何做出改變，還不如想辦法說服自己安於現狀，反正再糟糕也就是那樣了。

所以，在這本書中，我盡量把方法具象化，讓它們都可以很容易操作，就是希望讀者可以真的去實踐，為自己的人生做出改變。知道再多的道理，如果沒有應用在自己的生活上，都不會對於你產生實質的影響。書裡面規劃的三十堂課，或許沒有提供那麼多的大道理，但我由衷希望這些實用的小方法，可以幫助各位面對生活中各種大大小小的焦慮，讓你可以提早告別焦慮，迎向幸福。

用我的建議，交換你的焦慮，「不焦慮交易所」上線了！

我在臉書成立了一個社團「不焦慮交易所」，歡迎掃描下方 QR Code 加入社團，告訴我你的焦慮，我用建議做交換。

國家圖書館出版品預行編目資料

不焦慮的心理課：心理學博士教你活用科學方法，消解生活中的不安與混亂，不再窮忙！/ 黃揚名、張琳琳著. -- 初版. -- 臺北市：商周出版：英屬蓋曼群島商家庭傳媒股份有限公司城邦分公司發行, 2021. 05
面； 公分. -- (ViewPoint ; 106)
ISBN 978-986-0734-39-3(平裝)

1.焦慮 2.心理學

176.527　　110007172

ViewPoint 106

不焦慮的心理課

——心理學博士教你活用科學方法，消解生活中的不安與混亂，不再窮忙！

作　　者／黃揚名、張琳琳
企劃選書／黃靖卉
特約編輯／林淑華

版　　權／吳亭儀、江欣瑜
行銷業務／周佑潔、林詩富、賴玉嵐、賴正祐
總 編 輯／黃靖卉
總 經 理／彭之琬
事業群總經理／黃淑貞
發 行 人／何飛鵬
法律顧問／元禾法律事務所王子文律師
出　　版／商周出版
115 台北市南港區昆陽街16號4樓
電話：(02) 25007008　傳真：(02)25007759
blog: http://bwp25007008.pixnet.net/blog
E-mail：bwp.service@cite.com.tw
發　　行／英屬蓋曼群島商家庭傳媒股份有限公司城邦分公司
115 台北市南港區昆陽街16號8樓
書虫客服服務專線：02-25007718；25007719
24小時傳真專線：02-25001990；25001991
服務時間：週一至週五上午09:30-12:00；下午13:30-17:00
劃撥帳號：19863813；戶名：書虫股份有限公司
讀者服務信箱：service@readingclub.com.tw
城邦讀書花園 www.cite.com.tw
香港發行所／城邦（香港）出版集團
香港九龍土瓜灣土瓜灣道86號順聯工業大廈6樓A室_ E-mail : hkcite@biznetvigator.com
電話：(852) 25086231　傳真：(852) 25789337
馬新發行所／城邦（馬新）出版集團【Cite (M) Sdn Bhd】
41, Jalan Radin Anum, Bandar Baru Sri Petaling, 57000 Kuala Lumpur, Malaysia.
電話：(603) 90563833　傳真：(603) 90576622

封面設計／行者創意
封面圖片／graphic narrator
版面設計／林曉涵
印　　刷／中原造像股份有限公司
經 銷 商／聯合發行股份有限公司
新北市231新店區寶橋路235巷6弄6號2樓電話：(02) 29178022　傳真：(02) 29110053

■2021年5月25日初版一刷
■2024年5月 8 日初版7刷
Printed in Taiwan

定價380元

城邦讀書花園
www.cite.com.tw

線上版讀者回函卡

 ISBN 978-986-0734-39-3

廣　告　回　函
北區郵政管理登記證
北臺字第000791號
郵資已付，免貼郵票

115　台北市南港區昆陽街16號4樓

英屬蓋曼群島商家庭傳媒股份有限公司城邦分公司　收

請沿虛線對摺，謝謝！

書號：BU3106	書名：不焦慮的心理課	編碼：

請於此處用膠水黏貼

讀者回函卡

不定期好禮相贈！
立即加入：商周出版
Facebook 粉絲團

感謝您購買我們出版的書籍！請費心填寫此回函卡，我們將不定期寄上城邦集團最新的出版訊息。

姓名：＿＿＿＿＿＿＿＿＿＿＿＿＿＿＿＿ 性別：☐男　☐女

生日：西元＿＿＿＿＿＿年＿＿＿＿＿＿月＿＿＿＿＿＿日

地址：＿＿＿＿＿＿＿＿＿＿＿＿＿＿＿＿＿＿＿＿＿＿＿＿

聯絡電話：＿＿＿＿＿＿＿＿＿＿＿＿ 傳真：＿＿＿＿＿＿＿＿＿＿

E-mail ：

學歷：☐ 1. 小學 ☐ 2. 國中 ☐ 3. 高中 ☐ 4. 大學 ☐ 5. 研究所以上

職業：☐ 1. 學生 ☐ 2. 軍公教 ☐ 3. 服務 ☐ 4. 金融 ☐ 5. 製造 ☐ 6. 資訊
☐ 7. 傳播 ☐ 8. 自由業 ☐ 9. 農漁牧 ☐ 10. 家管 ☐ 11. 退休
☐ 12. 其他＿＿＿＿＿＿＿＿＿＿＿＿＿＿＿＿＿＿＿＿

您從何種方式得知本書消息？
☐ 1. 書店 ☐ 2. 網路 ☐ 3. 報紙 ☐ 4. 雜誌 ☐ 5. 廣播 ☐ 6. 電視
☐ 7. 親友推薦 ☐ 8. 其他＿＿＿＿＿＿＿＿＿＿＿＿＿＿＿

您通常以何種方式購書？
☐ 1. 書店 ☐ 2. 網路 ☐ 3. 傳真訂購 ☐ 4. 郵局劃撥 ☐ 5. 其他＿＿＿＿

您喜歡閱讀那些類別的書籍？
☐ 1. 財經商業 ☐ 2. 自然科學 ☐ 3. 歷史 ☐ 4. 法律 ☐ 5. 文學
☐ 6. 休閒旅遊 ☐ 7. 小說 ☐ 8. 人物傳記 ☐ 9. 生活、勵志 ☐ 10. 其他

對我們的建議：＿＿＿＿＿＿＿＿＿＿＿＿＿＿＿＿＿＿＿＿＿＿
＿＿＿＿＿＿＿＿＿＿＿＿＿＿＿＿＿＿＿＿＿＿＿＿＿＿＿＿＿
＿＿＿＿＿＿＿＿＿＿＿＿＿＿＿＿＿＿＿＿＿＿＿＿＿＿＿＿＿

【為提供訂購、行銷、客戶管理或其他合於營業登記項目或章程所定業務之目的，城邦出版人集團（即英屬蓋曼群島商家庭傳媒（股）公司城邦分公司、城邦文化事業（股）公司），於本集團之營運期間及地區內，將以電郵、傳真、電話、簡訊、郵寄或其他公告方式利用您提供之資料（資料類別：C001、C002、C003、C011 等）。利用對象除本集團外，亦可能包括相關服務的協力機構。如您有依個資法第三條或其他需服務之處，得致電本公司客服中心電話 02-25007718 請求協助。相關資料如為非必要項目，不提供亦不影響您的權益。】

1.C001 辨識個人者：如消費者之姓名、地址、電話、電子郵件等資訊。　2.C002 辨識財務者：如信用卡或轉帳帳戶資訊。
3.C003 政府資料中之辨識者：如身分證字號或護照號碼（外國人）。　4.C011 個人描述：如性別、國籍、出生年月日。

請於此處用膠水黏貼